タワーの時代

大阪神戸地域経済史

寺岡　寛
Teraoka Hiroshi

信山社
SHINZANSHA

はしがき

精神科医で作家の北杜夫（一九二七〜）は『幽霊―或る幼年と青春の物語―』で、自らの幼年期を回想して、人間は一体いつのころまで自分の記憶をさかのぼることができるのかを叙情的な文章で語っている。大学生時代に同書を手にして、わたしも北杜夫と同様に自分の幼児期の記憶をさかのぼってみた。

北の語るように三歳ぐらいといっても、それは極めて断片的で、実のところ、その後、両親や兄弟たちによって繰り返しエピソードとして語られ刷り込まれたことで、自分の記憶として「記憶」されているだけかもしれない。断片的といったのは、それは怖い体験であったりしたことで、その光景だけがクローズアップされた残像のようなものだからだ。

わたしにとって、そうした記憶の典型は父の背に負われて大阪の通天閣の階段を下ったことであり、父の背中の暖かさがいまでも感触として蘇る。この顚末は、わたしが父に連れられて通天閣の展望階に上ったのはよいが、トイレに行きたいと父に頼んだようだ。ところが、展望最上階にはトイレがなく、慌てた父がわたしを階下へと連れて行ってくれたのだ。

わたしの記憶では、小学校入学前の幼稚園のころであった。それがほんの少し前に、通天閣の建設に関わった子孫の方の著作に出会って、当時の建設の事情などを知り、父が戦後再建されたばかりの通天閣に連れていったくれたこと、そして、当時は展望階にトイレがなかったことなどを知った。

ちなみに、わたしが父に連れられて上った通天閣は二代目で、昭和三一［一九五六］年に完成した。この年、通天閣の入場者数は一五五万人と記録されている。父とわたしはそのうちの二人であったということになる。わたしはもっと幼いころであったと思っていたが、実際には五歳のときの記憶であった。

父といえば、わたしはすぐに父の背中と階下に通じていた螺旋階段を思い出す。しかし、当時の新聞などに報じられた通天閣の混雑などはわたしの記憶には全くない。読売新聞大阪本社社会部の記者たちは、当時のことを知る人たちが少なくなるなかで、関係者から通天閣誕生にまつわる話を『通天閣―人と街の物語―』にまとめている。

建設の中心になったのは、戦前の初代通天閣のように大阪の財界人などではなく、新世界商店街の町内会の人たちで、彼らが戦前に焼け落ちた初代通天閣に代わる新通天閣再建計画を打ち出し、資金繰りに奔走している。通天閣再建委員会の委員の一人であり、古い日誌を保管していた知里正雄の話は次のようである。

「特殊建物建築の専門家で、内藤多仲という早稲田大の偉い先生がおられましてね。先妻が設計した『名古屋テレビ塔』の人から紹介してもろて、……いよいよ会社をつくることになり、協和銀行（当時）に株の取り扱い業務を頼みました。一株五百円で、募集期間は一か月。」

結局のところ、新株発行では十分な資金が集まらず、委員たちが「京都の高利貸に借りに行きましたんやで。金利は一週間で二十二万円」ということでなんとか着工に必要な資金が調達できたという綱渡りのような話である。

「『七人の侍』。格好よすぎますがな。でも、僕ら再建発起人の面々、そんな感じでした。金も地位も名誉も何もない店屋のおやじ連中が、真っ暗やみの中をようよう夜明けまでこぎ着けたんですから。」（前述知里正雄談）。

これは庶民の町大阪、なかでも通天閣界隈に相応しい話ではある。高利貸しから借りたおカネを通天閣建設の資金のつなぎとしたなどは、通天閣を愛した人たちのご愛嬌のようなエピソードである。

通天閣が開業した当時、一日に多い時で一万人以上が訪れた。エレベータにも定員の二倍もの人たちが乗っていたという。よく事故など起きなかったものだと思う。いまなら警察から大目玉をくらうだろう。当時の時代性を感じさせる話である。

当時、通天閣の職員であった西川孝の「展望台には手洗いがありませんねん。用を足そうにも、混雑で下りるに下りられへん。これで困った人、一番多かったのと違いますか」という回想が記されている。わたしもその困った一人であったようで、満員で人が待っているエレベータをあてにできず、父が階段を慌てて下ったわけである。

わたしがタワーというものに興味をもったのは、おそらくそのころからであろう。これは二代目通天閣の話で、初代があったのを知ったのは大阪の産業史あたりを調べていたことがきっかけであり、それは随分とあとのことである。さらに初代通天閣の設計者が設楽貞雄という人物であり、同じ人物がもう一つのタワー、わたしが幼いころから知っていた神戸タワー――新開地タワーとも呼ばれた――の設計者であることを知ったのはつい最近のことである。

これが小さなきっかけとなって、設楽貞雄の仕事を調べてみて、驚いた。神戸生まれ神戸育ちのわたしが小さいころから親しんでいた映画館や、いまは公共施設となっている個人住宅、神戸周辺にある工場建物なども設楽の設計によることがわかってきた。

そして、福島県生まれで東京で短期間、建築学――当時は造家学――を勉強して、関西へと移り住み、やがて神戸で建築事務所を起こし、大阪や神戸の多くの建物を設計したこの人物を通して、日本の地方都市の近代空間の姿の一体何が見えてくるのかをわたし自身知りたくなった。

大正・昭和期の『神戸人名録』を開いてみても、設楽の名前が出てくることはない。また、日本の建築史を調べても、あまり頻繁には出てこない。関西に多くの建物を残したものの、いまは忘れられている印象が強いが、この設楽貞雄という人物を通じて、神戸などを中心として建築と近代化との関係を考えてみたい。

設楽貞雄に出会うことがなければ、神戸市立中央図書館などの郷土史コーナーで郷土史関係の本などに目を通すことも、兵庫県立図書館で古い新聞のマイクロフィルムの記事を丹念に読むことも、神戸市文書館で史料などを探すこともなかったであろう。

二〇一一年九月

寺岡　寛

目次

目次

序章　タワーの時代へ

モニュメントとタワー

初代通天閣は、当時の大阪商業会議所会頭の土居通夫（一八三七～一九一七）たちが内国勧業博覧会の大阪誘致を政府に働きかけ、明治三六［一九〇三］年に開催された第五回内国勧業博覧会の会場跡地に、明治四五［一九一二］年に建設されたものである。

この内国勧業博覧会は、甲子園球場の面積の八倍ほどの場所にさまざまな建物が建設され、五か月ほどの開催期間中に四三五万人の来場者を数えた。開催中に博覧会の建物や展示物の写真集――『写真画帳』など――が六冊も刊行されており、こうした写真集を通じて「近代化」を「学習」した人たちも多かったはずである。当時の日本人にとって、この博覧会は近代化を学ぶ社会教育の時空であった。農業・園芸、林業、漁業、製鉄・治金、化学、染色・織物、美術工芸など一〇部門、二七万点にわたる近代化製品が展示されたのである。

さて、この内国勧業博覧会では四五メートルほどのタワー（高塔）が建設されることになった。当時としては人びとに「電気の時代」を印象付けるに十分であった電動式エレベータが備えられ、階上に上った人たちは高い建物などがなかった大阪市内を遥かに超えて瀬戸内海が一望できたにちがいない。人びとはこのタワーを「望遠楼」あるいは、建設に当った業者の名をとって「大林高塔」と呼んだといわれる。

もっとも、大阪にそれ以前に高い建造物がなかったわけではない。石山本願寺の跡に、豊臣秀吉が建てた大坂城を高層建築物とすれば――むろん、電動式エレベータなどの設備はなかったが――、安土桃山時代以降、大阪の地にもタワーがあったことになる。この初代大坂城は大坂夏の陣で焼失し、その後九年ほどの月日を費やして再興された。二代目の天守閣なども鳥羽伏見の戦いのときの出火が原因で焼失した。

内国勧業博覧会が大阪で開催された時期には、天守閣という高層建築物も大阪にはなかったことになる。現在の天守閣は、昭和三［一九二八］年に当時の大阪市長であった関一（一八七三〜一九三五）が音頭をとって再興に取り組み、昭和六［一九三一］年に完成したものである。その後、第二次大戦の終戦前日の大阪大空襲で大阪城やその周辺は甚大な被害を受けたが、天守閣は難を逃れている。

つまり、大阪にはかつて大坂城の天守閣というような高層建築物があったが、その上層階に上ったのはきわめて少数の人たちであった。町人や農民など庶民は大坂城に入ることすら困難であったろう。しかも、明治維新後においては、大阪で唯一の高層建築物であった天守閣は六〇年以上も不在であった。

江戸封建期を象徴し、一部の武士階級のさらにそのごく一部の人たちだけが上ることが許された天守閣に代わって、どのような庶民でも上れるような高層建築が出現することは新しい時代の到来を告げる象徴でもあった。天に通ずる高塔は、かつての高みから見下ろす一部の階層の特権を広く庶民に開放させた象徴的建造物――近代空間――であったのである。

さて、高塔の建設に当った大林組(*)の社史等によると、第五回内国勧業博覧会で大林組はほとんどの工事を一手に請け負い、突貫工事で会場内の二〇棟ほどの展示館――いまでいえばパビリオン――のほかにタワー(高塔)の建設にあたった。「大林高塔」は大阪ではじめてのエレベータを組み込んだ高層建築であり、後に会場跡地に建設された通天閣のモデルとなったという。

*大林組――創業者大林芳五郎(一八六四~一九一六)は呉服商から二十歳のときに土木請負業を創業し、明治二五[一八九二]年に大阪市内に大林店を起こした。大阪築港工事などで着実に業績を残し、第五回内国勧業博覧会での工事で全国にその仕事が知られるようになる。大林は四五メートルの大林高塔のほかに七五メートルの噴水塔も建設した。株式会社化は大正七[一九一八]年である。

当時の絵はがきや建設中の写真などからみるかぎり、大林高塔はどこか灯台のようなデザインである。上層階にはドーム型屋根をもった展望台があった。「内国勧業博覧会絵はがき」では、高塔は博覧会場入場口の壮大な建物の後方にそびえていたことがわかる。

もっとも、大阪市内の高塔ということであれば、大阪の日本橋近くに五層構造の三一メートルほどの眺望閣が明治二一[一八八八]年に建てられている。当時の写真でみると、明治村にある旧三重県庁のような建物の両翼に屋根を付け、その真ん中に三階建てのタワーを乗せたような和洋折衷の建物である。その周りを、典型的な御殿造りや数寄屋造りの建物などが囲んでおり、なんとも不思議な空間がそこに演出されている。当時は、入場料を払えば、誰でもタワーに上ることができたようだ。

これを南のタワーとすれば、それに対抗するように北の梅田近くに九層構造の凌雲閣も建てられている。

当時の建築技術では、九層くらいの塔でも雲の高さを凌ぐ建造物とされたであろう。高さに関する新旧の感覚差を感じさせられる。

あとでふれるように、わたしたちの近代建築史は、人びとが建物の高さを競うことに熱中したことを記録している。高い建物が立つと、それよりさらに高い建物を建てようという人物があらわれる。それを可能にしたのはより強度の高い鉄製構造の発明や設計技術の発達である。高さを競うなどある意味無用ともいえる競争が有用の素材革命などを生んでいったといえないこともない。

本論にもどると、現在の梅田茶屋町付近にあった凌雲閣については、梅田東小学校跡地に大阪市教育委員会による写真入りの銘板と石碑が置かれている。その銘板「凌雲閣跡」は当時の様子を次のように伝えている。

「明治のはじめ、文明開化の時代には、高層の展望台をつくることが流行しました。凌雲閣はその代表的なもののひとつです。当時このあたり一帯は、鶴の茶屋などの料亭が立ち並んでいました。鶴野町や茶屋町といった地名は、その名残です。そこに茶店や温泉、ボート遊びのできる池などが並んだ『有楽園』という公園がつくられました。その中心となる施設として、堂島浜の壇重三という人の発案で、明治二二［一八八九］年に建てられたのが凌雲閣です。

構造についてはいくつかの説がありますが、木造九階建で、高さは一三〇尺（約三九メートル）、一・二階は五角形、三階から八階は八角形、らせん状に通路が巡り、九階部分には丸屋根の展望台と時計台（時辰台）がありました。

難波に築かれた五階建の展望台である眺望閣が、『南の五階』と呼ばれたのに対し、凌雲閣は『北の九階』あるいは『北野の九階』として親しまれました。いつ頃まで建っていたのかよくわかりませんが、昭和のはじめに撤去されて広場となっていたようです。」

銘板に残されている写真には、二階の一部とその上階である八角形のピラミッドのような構造——上層ほど小さくなっている——で、その上にギリシア正教教会にあるようなタマネギ型ドームのような屋根をもった展望台がみられる。

この写真から判断する限り、デザイン的にみてなんとも統一感のない建物である。ギリシア正教の教会にあるようなタマネギ型ドームをもっているのでキリスト教会風であるが、もちろん教会ではない。かといって、エジプトのピラミッドでもない。明治時代の文明開化のモノマネ主義の先端を走っていたような感じがある。と同時に、明治の人たちの西洋への憧れとイメージをそのまま凝縮したような建物である。

たとえば、凌雲閣といまも東京神田に現存する日本最初の本格的ビザンチン様式によるニコライ堂——正式には東京復活大聖堂——を比較すれば、凌雲閣の見よう見まねの折衷的デザイン性がよくわかる。ニコライ堂はロシアの建築学の教授が最初の設計を行い、日本在住の英国人建築家ジョサイア・コンドル（一八五二〜一九二〇）が最終的な設計者となった。建築には七年が費やされ、完成したのは明治二四［一八九一］年であった。

ニコライ堂は三五メートルほどの高さである。その横に立つ鐘つき堂は関東大震災で崩壊し、ニコライ堂のドームを直撃し破損させた。現在のものはその後、新たに復興されたもので以前より低い建物であり、デザインも異なっている。ニコライ堂は、当時の日本でもそう多くなかった西洋式の本格建築物であった。凌雲閣はニコライ堂完成の二年前に出来上がったが、設計者は建設中であったニコライ堂のことをイメージ的に知っていたのかもしれない。

横道にそれた。当時の関係者たちがタワーの建設やその高さを直接に競ったわけではないだろうが、東京浅草にも明治二三［一八九〇］年に同名の一二階建てのタワーが開設されている。明治・大正期の「浅草六区名所絵ハガキ」には必ず登場する東京見物のお勧めスポットであり、大正一二［一九二三］年の関東大震災で倒壊した悲劇の塔(*)として知られる。

＊東京浅草の凌雲閣──設計者はスコットランド出身でいわゆる当時のお雇い外国人であったウィリアム・バートン（一八五六～九九）である。上下水道建設の技術者であったが、同時に写真家として当時の日本の風景を世界に発表した。浅草凌雲閣は大震災時に八階上部から崩壊し、展望台にいた一二～三名の見物客のうち一名を除き即死したといわれる。さらに崩壊の危険があるため、陸軍によって爆破解体された。

当時は東京においても高層建物が珍しい時代で、首都に一二階の建物が出現したことは人びとを興奮させ、一一月一〇日の開業日には多くの人が押し寄せた。エレベータ──当時はエレベートル──ということばが日本に広まったのもここらあたりからであろう。

当時の宣伝広告文には、「中央に電気機械車ありて幾千人を瞬時に上下せしめる事自在なり、階毎に古今珍奇の美術品を取集め周囲に種々の売店を設け……」とある。高層建築と古今珍奇の美術品との組み合わせは何とも奇妙であるが、要するに人集めを狙ったのであろう。エレベータの運搬能力については全くの過大広告で、いまなら公正取引委員会からクレームがつけられそうな内容である。

開業日に先だって報道関係者を招くのはむかしもいまも同様である。新聞記者を招いたものの、エレベータはうまく作動しなかったようである。過大広告の間違いを招待記者たちにわざわざ書いてくれというような呑気な話である。実際のところ、設計時にはエレベータの設置は想定していなかった。後になって急遽エレベータを設置したことでタワー全体の構造バランスが必ずしも適切でなかったことは、後の関東大震災での崩壊によって明らかになる。

なお、当時は入場料とは別に展望台の望遠鏡にも使用料がとられた。望遠鏡そのものが珍しかったのである。当時の人たちは珍しかったタワーに上り、珍しかった望遠鏡をのぞいた。いまもむかしも、わたしたちには珍しモノ好きのようなところがある。

湯本豪一『図説・明治事物起源辞典』によれば、当時、エレベータということばは普及しておらず、昇降機——あるいは昇降台——と呼ばれていたという。湯本は当時の「時事新法」の昇降機に関するつぎのような記事を紹介している。

「下層初階より八階迄は電気モーターの運転に依りて昇降台（エレベートル）を一分時間に昇降せしむべく、此の昇降台は高さ八尺幅八尺に五尺寸、十五人より二十人までの客を一時に乗せ得べく、電気モーターは米国紐育より購入せしものにて十五馬力を有せり。」

当時の絵はがきから、エレベータには窓が設けられ、建物の窓を通して外の様子を見ることができたことがわかる。ただし、この昇降機の安全性には大きな問題があったようである。警視庁が検査に入ったところ落下防止装置に欠陥があるということになり、結局のところ、半年間だけ稼働し撤去されている。関東大震災で崩壊しなくとも、何らかの事故が起きていたかもしれない。

ところで、タワー（塔）は、ローマ帝国などでは敵の来襲を早期に発見する軍事施設そのものであり、宗教史、とりわけ教会建築史や寺院建築史においては天上（神）への架け橋やある種の宗教的シンボルであった。他方、文化史では国や地域の戦勝などに関わる権威を示す象徴物――シンボル――でもあった。近代技術史においては電波通信の手段――電波塔――であった。いわゆるラジオ塔とかテレビ塔である。

また、政治史では議事堂にみられるような塔は政治的権威を示すシンボルでもあったし、経済史で見れば、第一次大戦中の米国経済の高成長を示すように、米国大都市に高層ビルという塔が現れた。いわゆる摩天楼――skyscraper――の出現である。近年、中国や中近東諸国で超高層ビルが登場したこともまた経済的興隆のシンボルとみてよい。

このようにシンボルとしてのタワーをとらえると、大林高塔や凌雲閣などのタワーもまた日本の国家的発展のある種の社会的シンボルであったに違いない。ただし、それらは上からの近代化を示唆するような駅舎や役所、工場などといった近代空間ではなく、新しい時代と近代化をイメージした庶民たちの近代空間であった。

都島の「おっちゃん」

近代資本主義のシンボルである「鉄」による塔は、それまでの石積みや木造とは一線を画してその高さを驚異的に伸ばし、新しい時代の到来を告げたに違いない。ちなみに、パリのエッフェル塔は一八八九年の第四回万国博覧会のモニュメントとして建設された。高さは三二〇メートルである。

さて、冒頭でふれた初代通天閣にもどっておく。エッフェル塔をイメージしたとしか思えないこの通天閣は、明治という激動の時代を象徴する記念碑的タワーであり、また、大正というつぎに来る時代をも象徴する記念碑であったとみてよいだろう。

この初代通天閣の設計は設楽（しだら）貞夫（一八六四〜一九四三）による。その建設にあたった中井吉松（一八八〇〜一九四六）の末裔にあたる作家で、ハワイで新聞記者も務めた経験をもつ二鬼薫子は『通天閣物語』で、母の異母兄弟にあたる吉松のことを、母から聞いた話として「そういえば昔むかし、そんな話を聞いたような気がする。『都島のおっちゃん』こと中井吉松は親類一の金持ちで、ずいぶん大きくて立派な家に住んでいた」と記している。

二鬼はこの伯父と通天閣との関わりについての母との会話をつぎのように紹介している。

「おっちゃんが建てたという証拠、ある？」

「今は、ないねえ。通天閣の前で、市長さんや区長さんや建物会社の人や橋本鉄工の社長さんらと並んで写った写真と、工事をしてた人らと一緒のが額に入れて応接間に飾ってあったけど、空襲で焼けてしもうたからなあ、なんせ古い話やもん」

（中略）

「中井吉松なんか、だ〜れも知れへんわ。昔の通天閣知っている人もあんまりない。百科事典にも書いていないもんねえ。通天閣のこと」

「そやから、知りませんかと言うてはるねんや新聞社……。言うたろうか？」

通天閣にはどんな記録があるのかと、私は（新聞社へ――引用者注）電話して聞いてみた。

「うちにある史料には、設楽さんという人の設計で大林組が建てたということになってます。設楽さんというのは東京の人で、今、娘さんが生きてはって……」

二鬼は『通天閣物語』をきっかけに、母の異母兄弟であった吉松やその兄弟姉妹――全部で一六人――、そして彼女にとっては祖父にあたる嘉三郎をめぐる、通天閣の建設に至るまでの大阪庶民の生活とその後を丹念に描いている。

吉松は小さな鉄工所から、通天閣の鉄骨組みを請け負うことになる橋本鉄工所へその腕を見込まれて移っている。博覧会跡地に通天閣を建設する話が橋本鉄工所に舞い込んだ経緯について、二鬼は橋本社長と吉松との会話をつぎのように紹介している。

「鉄の塔もなんせ初めてのもんやさかい『出来まっか』て、うちにも聞きに来はった。設計は、しはる人があるそうな」

（おもろい。やったろうやないか）と吉松は思った。縦に長く建っているだけの鉄塔ぐらいそれほど難しくはないだろう。折角来た話を他所へ回すことはない。

「あこへ、どーんとでっかいもんが建ったら大阪中は勿論、遠いとこからでも皆見に来るでェ。誰が建てた言うと中井さん、あんた一ぺんに有名になるわ」

「金、儲かりまっか」

「そら大阪一……いや、日本一のもん建てるねんさかい、儲かる儲ける」

数日後、大阪土地建物会社から橋本鉄工所に「学校出の偉い人が設計しはったらしい……二百五十尺」の鉄塔設計図とパリの凱旋門にエッフェル塔を継ぎ足したような完成予想図が届いたという。「学校出」という表現が当時の日本の建築業界の状況を彷彿とさせる。学校出の偉い人とは設楽貞雄のことである。ただし、学校出にはちがいないのだが、設計者の設楽は一年ほど建築学——図面——を速成的に勉強したにすぎない。当時、大学の建築科を出た人材などは稀少であり、多くの建設関係者は現場からのたたき上げであった。

二鬼によると、当時、橋本鉄工所は工員約六〇人、社長の橋本策治は若いころ神戸の川崎造船所で働いたあと、父親が残した田舎の田畑を売却などして資金をつくり、大阪の東野田に鉄工所を起こした。いまなら、起業家精神あふれる人であったと表現するのがよいだろう。工員六〇人といえば、当時としてはそこそこの規模の工場であったろう。

橋本鉄工所は小規模ながら一貫メーカーであったようだ。大阪の天神橋の鉄橋への架け替え、神戸港修築に使用するコンクリートケーソン用の鉄筋も製造したというから、技術水準のなかなか高い会社であったらしい。

二鬼の母――吉松の妹――の記憶によれば、通天閣ははじめ地上で鉄骨をリベット留めで組み上げ、解体して再び台座の上に組み直している。当時はいまのような高所作業用の建設機械などがまだ稀少価値の時代である。こうした試し組みは当然であったろう。エレベータ――「つるべ式の昇降機」――については、浅草の凌雲閣のものは米国製であったが、通天閣のものは橋本鉄工所でつくったことも紹介されている。

エレベータの箱そのものの製造にはそんなに高い技術を要しなかっただろうが、電動機や吊り下げワイヤーはどうであったのか。国産のものであったのか、あるいは米国からの輸入品であったのか。残念ながら、二鬼はこの点についてはふれていない。

さて、通天閣という名称であるが、いくつかの説があるものの、未だ定説はない。木下博民は『通天閣―第七代大阪商業会議所会頭・土居通夫の生涯―』で、「巷間伝えられるところによれば、土居通夫の『通』を採って、『通天』としたと聞く。(*)たしかに新世界ルナパークの経営者は、大阪土地建物株式会社土居通夫である。しかし、肝心の『君伝』には、この由来が記録されていない。それどころか、その後の会社と土居通夫の終幕には、やや解せない……」と述べている。

他方、二鬼のほうは「雲より上になるほどに高い建物を通天台という。『通天閣』という名称は誰が付けたのかは何処にも書き残されていない」と記している。

＊『君伝』――旧宇和島藩士であった土居通夫の日記をベースにまとめられた伝記である。浩瀚な『君伝』は関東大震災のために印刷製本が遅れ、大正一三［一九二四］年になり公刊された。なお、通天閣の由来については、昭和六一［一九八六］年三月二五日の朝日新聞（大阪版）には、「命名は儒学者、通天閣鼻高々――遺族の証言で七五年ぶり判明――」という見出しの記事がある。この儒学者は当時、大阪船場で私塾を開いていた藤沢南岳で、大阪土地建物が藤沢に命名を依頼したという。

初代通天閣は明治四五［一九一二］年七月三日に開業した。開業式には、当時の大阪市長、天王寺区長、浪速区長、住吉区長と並んで、工事関係者として中井吉松も招待されている。

開業当日は混乱することを予想して、吉松の父の嘉三郎と後妻のひさ江、そして二鬼の母親のナツを連れて見学――外から眺めに――に出かけたという。二鬼は戦災で焼失した前述の開業式記念写真の思い出をつぎのように紹介している。

「この時の写真があったと私の母ナツは言うのである。後方に通天閣全容を入れ、前割シャツにニッカ・ボッカ、地下足袋を履いた数人の工事人と、中折れ帽に白い麻のスーツを着た橋本社長と吉松が写った写真は私も覚えている。吉松は白い背広にグレー（白黒写真だから不明。黄色ということはない）の蝶ネクタイ、白い背広、ニッカ・ボッカを穿いて鳥打ち帽を被っていた。他の人も山高帽や鳥打ち帽を被っていたように思う。帽子が流行った時代だったのだ。」

大阪の新しいシンボルとなるだろう通天閣の直接の建設者として吉松は、橋本社長と並んで精一杯のおしゃれをしてこの晴れがましい祝典に臨んだことであろう。通天閣の建設に直接かかわった吉松は、「金、もうかりまっか」という点ではたしかに建設の功労者として会社からある程度の大金を手にすることになったが、彼自身が心中秘かに期待したほどに有名にはならなかった。

この点については、二鬼は「ルナパークや通天閣の営業成績は上々だった。しかし社長が、『あんたいっぺんに有名になるで』と言った中井吉松は全然有名にならなかった。最初はその気では無かったのだが、建てた通天閣が有名になると、吉松にも少しは欲が出る。橋本鉄工所の仕事関係の人にこそ、『通天閣建てはった中井さんや』と言って貰えるけれど、他へ行くと顔は勿論、名乗っても誰も知らない」と紹介している。そして、二鬼はこの伯父の気持ちをつぎのように忖度してみせる。

「やっぱり学校出てへんかったらあかんねんやな。妙な設計しても学校出や。ヘン!名前がなんや。わいはどうせ八百屋の倅や。その辺で『中井さん』と顔知られるようになとなったろか。見とれェ!」

たしかに時代は大正へと移り、学校出の時代がやってきていた。吉松は鉄橋づくりに情熱と意欲を強く感じていたが、橋本鉄工所にも世代交代の時がやってきつつあったのである。橋本社長の大学出の甥が後継ぎになるような話もあり、吉松は自分の将来に不安を感じていただろう。大正一三〔一九二四〕年に橋本鉄工所を去り建築会社を興した。吉松もまた起業家精神あふれる人物であった。

初代通天閣は、吉本興行が昭和一三〔一九三八〕年に買い取っている。その五年後の昭和一八〔一九四三〕年の正月明けに足元の映画館大橋座から出火して延焼、通天閣もまた炎に包まれた。火災で大被害を被った通天閣は、崩落の危険があるということで二月の半ばに解体された。

モニュメントと建築家

ところで、「はしがき」で紹介した読売新聞社編『通天閣─人と街の物語─』には、初代通天閣を知る世代の回想も紹介されている。取材当時──二〇〇二年──九一歳の川ノ上繁一は「大正年間の一九二〇年ごろ、展望台までエレベータは金十銭也でした。二三年まで、周囲に『ルナパーク』と呼ばれる遊園地があり、塔の中二階あたりから二百メートル南へ、電飾で美麗な四、五人乗りのゴンドラが空中ケーブルで往復していました」と語っている。

また、七六歳の内藤孝子は「赤い灯青い灯がついたり消えたり。子供心にも、それは、それは美しいものでございました。『ライオンハミガキ』の文字が、今も目の前にはっきりと映ってまいります」と回想している。

そのような初代通天閣は学校出の設楽貞雄が設計して、現場からのたたき上げの職人であった中井吉松たちが建てたものであったことはすでに述べた。

ただし、学校出と一口にいっても、東京大学の前身であった工部省工学寮──後の工部大学校──で学んだ辰野金吾（一八五四〜一九一九）など西洋建築技法を正式に学んだ技術者が金の卵であり、設楽はそうした技術者が夜間で教えた工手学校の卒業生であった。

設楽は、学校で最低限の基礎を短期間に勉強して実際には多くの現場を経験することで中井吉松と同様にたたき上げの設計士となっていった。タワーということでは、設楽は神戸市に大正一三〔一九二四〕年に建てられた新開地タワー──神戸タワーとも呼ばれた──の設計者でもある。

日本の本格的高層建築となった初代通天閣が建設されたのは明治時代の終わりと大正時代の始まりを告げた大正元［一九一二］年であり、神戸タワーが建設されたのは昭和時代の始まりを告げつつあった大正一三［一九二四］年であった。この時期を日本社会や日本人にとって「タワーの時代」と呼べるものかどうか。呼べるとすれば、それは日本社会の何を象徴したのであろうか。

タワーとは、日本人のそれまでの空間概念であった横を縦へと転換させる、日本社会の近代化への意識転換を告げるものであったのかどうか。元来、日本の建築というのは、西洋建築のような上下の重層構造とは異なり、平屋の建物を横に並べ、それを渡り廊下で結んだようなどちらかというと水平的空間構造——寺社建築の五重塔などは別として——であったといってよい。タワーへの人びとの希求が果たして近代的なものであったのかどうか。

塔（タワー）の研究家の佐原六郎は、『塔のヨーロッパ』で欧州社会において「人はなぜ塔を建てるか」を問い、「ヨーロッパの塔の多くはキリスト教の会堂に附属する」ものの、「それは決して宗教的動機によるとは思えない」と述べた上で、英国人美術評論家ジョン・ラスキン（一八一九～一九〇〇）の建築評論をつぎのように紹介する。

「創世記にバベルの塔についての記事の書かれた時代から今日に至るまで、人間はともかく建築者として優れた技術を得るに至れば、必ず高いものを建てようとする傾向を持つ。だから造塔の事実は宗教心からではなく、ちょうど人々が踊ったり、歌ったりするのと同様に、旺溢する気力のためである。それはまた子供がカードで塔を積み上げるときの感情に似た一種の虚栄心をも含む。また他の例をとると、建物そのものの荘厳さ、威光を求め、それを悦ぶ強い情念によるものであって、あたかも高い木や峻秀な山岳に対して感じると同様の心情による。」

しかし、タワーをより高く建てることが人びとの情念であったとしても、人びとの価値観などはその時代の社会的状況に大きく影響を受ける。たとえば、昔の鐘塔（カンパニーレ）がいまも多く残るイタリアの場合、タワーの建設は商業都市の栄枯盛衰史と重なる。このことは、タワーは単に信仰の象徴ではなく、同時に富や城塞の象徴として、そのあり方は時代と密接な関係をもってきたことを示唆しているのである。

佐原は『世界の古塔』でもこの点にふれ、「人間はつねにシンボルを求める。……日本の塔はもとより、世界のさまざまな塔を仰ぎみた。エジプトの金字塔から東京タワーまで、天空にそびえたつ塔のすがたには、人間歴史の哀歓が秘められている。詩人のみならずとも、地に揺曳する塔の影をふんで、文明の盛衰、人間の築きあげた時代、民族の栄枯に感慨をもよおさないものだろうか」と指摘する。

佐原は人間歴史の哀歓が秘められた対象として、インドから中国、韓国から日本へと続く仏教伝来の道をたどり、仏教寺院に関連する仏舎利塔や塔婆――ストゥーパ――を取り上げ、「現実にはなんら実用的な機能をもたず、むしろ崇高を目指す信仰の可視的象徴を求め」るべきものととらえる。反面、佐原は東京タワーにはふれたものの、凌雲閣や初代通天閣などはあまりにも世俗的で商業的であると判断したのか、これらの塔には全く言及していない。

また、佐原は明治時代に建てられた学校、たとえば、松本市の開智学校（明治九［一八七六］年）や東京の東京医学校本館（同年）などにあった塔屋などは取り上げてはいない。学校建築だけではなく、明治五［一八七二］年に当時としては破格の予算で建設された第一国立銀行にも望楼が設けられていたが、これにもふれていない。この建物については、最初の設計では望楼がなかったが、設計図面が出来上がったところで変更が行われ、屋根の上に望楼が置かれたようである。佐原にとって、タワーとは「現実にはなんら実用的な機能をもたず、むしろ崇高を目指す信仰の可視的象徴」なのである。

ところで、佐原は記念碑としてのタワーにもほとんど興味を示してはいないが、ローマ帝国の時代、征服地などに戦勝碑が建てられたことはよく知られている。日本においても、日清戦争や日露戦争などのあとに、タワー（塔）としての記念碑が建てられるようになった。

文化資源学者の木下直之は「記念碑と建築家」（鈴木博之他編『近代化の波及』所収）で、日本の明治後期のそうした傾向について、つぎのように指摘する。

「明治後期になっても、『記念碑』が一般的で、『記念標』は次第に影を潜める。代わって『忠魂碑』や『表忠塔』などの呼称が目につくようになる。『忠』という文字が頻出する背景には、いうまでもなく日清戦争・日露戦争における戦死者の増大がある。また、『塔』が使われる場合では記念碑内部に空間を設けることが多く、記念碑への期待と用途が変化したことを示している。こうなれば、それはもはや建築であり、建築家の関与が欠かせない。」

当然ながら、記念碑という実用的な機能をあまりもたない建造物でも、ある程度の高さともなれば、素人の思いつきや模倣だけで建築は困難である。その場合には、高さにともなう構造設計や内部空間の設計など、専門の建築家の関与とそれ相応の予算的措置が不可欠となる。

そうした記念碑には、墓碑型、古代エジプトのオベリスク型記念碑――石材で尖端は細く頂上がピラミッド型となっている――、円柱の上に人物彫像が乗ったもの、石を垂直に積み上げた上に彫刻像を置いたもののほか、中国旅順白玉山に立てられた円筒の上に砲弾を乗せた内部空間をもつタワー形式のものもあった。明治三九［一九〇六］年に建てられたこの表忠塔について、木下は「この時期になると塔の建設が目立つ。塔の多くが内部空間をもつ建築である以上は建築家が関与し、またそうでなくとも建築家たちの関心を広く集めた」と指摘する。ただし、記念碑は一般的な建物と異なり、その装飾性や彫刻などの点で純粋に建築家だけが関与してデザインできるものでもない。

この点については、「現実には、記念碑がそのスタイルを変えていく中で、彫刻家や建築家の関与の度合いが高まる。銅像を彫刻家の仕事と捉えるのは当然としても、そもそもその銅像を組み込んだ記念碑全体のデザインは誰によってなされたのかという問題を明らかにするのは容易ではない」と木下はいう。

とはいえ、工部大学校第一期卒業生であり、皇室関係の建築造営に関わった片山東熊あたりは、皇室ゆかりの銅像が建設されるときの記念碑などの設計については、相談を受けていただろうと木下は指摘する。

いずれにせよ、西洋近代建築を学んだ片山などの第一世代のみならず、その後の世代も、留学などを通じて、欧州諸国の都市における建築とさまざまな記念碑やタワーとの関係を知らないはずはなかったであろう。彼らは、歴史的にみれば、シンボルとしてのタワーは、ただ宗教的な熱情だけで世俗的なものに背を向けて、形而上的な世界や宗教的世界だけをイメージして建てられてものではないことにも気づいていたに違いない。

たとえば、ローマ帝国時代などに立てられた軍事目的の塔はその一例である。また、近代においても米国経済の興隆を象徴するように摩天楼競争が起こり、望楼がそのまま事務所になったような例もあったのである。そうした摩天楼に比べれば、教会など宗教組織の塔の高さは技術的な制約もあったであろうが、きわめて控え目であった。そして、いまも世界各地に建てられ続けている塔は、観光や地域起こしという世俗的な理由を背景にしていても、これもまたいまのタワーの時代に相応しいのである。

こうしてみると、わたしたちの社会はそれぞれにタワーの時代をもち、ある種の時代性を背景にタワー建設に取り組んだのである。

たとえば、教会の鐘塔などは別として、日本人が塔をどのように考えたかを思い起こす場合、日露戦争後に日本が中国東北地方（満州）の支配に乗り出すための拠点とした大連に建設した、大連民政署の設計変更に関わる経緯はわたしたちに興味ある視点を提供してくれる。

西澤泰彦は「建築の越境と殖民都市建設」で、設計者で関東都督府技師であった前田松韻――東京帝国大学建築科卒――と大連民政署長の関谷貞三郎との塔の設計をめぐる対立を紹介している。関谷は前田が当時としては最新のハンブルク市役所などを強く意識して設計した中央塔に反対を唱えたという（山室信一編『岩波講座・「帝国」日本の学知―空間形成と世界認識―』所収）。関谷の反対理由について、西澤はつぎのように指摘する。

「ヨーロッパの市役所は、中世から近世にかけて、都市に居住した商工業者が中心となって封建領主から自治を獲得していく中でつくられた行政組織であり、その庁舎には必ず市民が集まって都市のことを話し合う場（ホール）が設けられている。そして、市役所は市民の力によって成立した組織であるので、その庁舎には、市民の力の象徴として、建物正面に時計塔を建てることが多い。しかし、民政署は市民によって作られた行政組織ではない。したがって、民政署に時計塔を立てる必然性はない。」

前田は大学で欧州諸国の市役所の設計図面などの知識を得ていたに違いない。だが、前田が設計物としての外面性ではなく、建物の背景にあった欧州諸国などの歴史的固有性や行政組織のあり方といった、むしろ内面性を理解していたのかどうか。

他方、関谷は植民地官僚のある種の勘で、欧州では市民たち——ブルジョワジー——が封建勢力への強い対抗意識のもとで自分たちの経済力の興隆の象徴として市役所の中央に塔を立てたことを知っていたのであろう。日本の満州支配の目的からすれば「市民の塔」はあまりにも逆説的であり、皮肉なものであることに気づいていたのであろう。

西澤はこの点について、「結局、前田が時計塔の建設に固執したのは、民政署が後に大連市街の中心地となると目された大広場に面して立つ官衙建築であったためである。彼は、それを拠り所に、ヨーロッパ各地で広場に面して立つ市役所にヒントを得て、時計塔の建設に固執した。結局、前田は、西洋の市役所と類似した形態をつくることを目指し、そこで彼がもっとも重視したことは大連消防署と同様に建物の外観であった」と指摘する。

まさに、これは日本の近代化への取組みが何であったのかを建築からうまく言い当てている。技術のみを早急に吸収・普及させてきた建築家にとって、重要であったのは概観（デザイン）やその構造であり、そうした概観を生み出した人びとの内面的固有性ではなかった。皮肉なことに、そうしたことを強く意識していたのは、上からの近代化を日本国内よりもさらに図らざるを得なかった関谷などの植民地官僚たちであった。

西澤は前掲論文で、塔について興味ある事例をもう一つ紹介している。台湾総督府庁舎（大正五［一九一六］年竣工）の設計である。台湾総督府は明治四〇［一九〇七］年に庁舎新築設計案を懸賞募集することを公表した。結果、一等（甲）入選者はなく、二等（乙）入選者に当時、日本銀行の建築技師であった長野宇平治が選ばれ、実際には、台湾総督府営繕課の技師たちが入選した長野案を元に新庁舎設計を行った。

西澤は長野案と営繕課案との相違について、「長野案と実際に新築された庁舎との決定的な差異は、正面中央に立つ塔屋の扱いである。長野案では、塔屋の高さは建物本体の三層分程度の高さであるが、実際の庁舎では、この塔屋が高くなり、頂部までの高さが地上六〇メートルにもなった」と指摘する。台湾総督府に関谷のような官僚がいたかどうかは別として、植民地の建築技術者たちの内面性の在り処がそこに象徴的に示されているのではないだろうか。

もちろん、日本とは異なる地で、建築家たちが所属する官僚組織での地位とは別に、日本国内での見えざる制約を越えて自由に設計を行った面もある。こうした建築は二重の意味での彼らのなかにある近代化意識の何たるかを象徴していた。前述の前田は、当時、欧州諸国に流行していたいわば最先端デザインであり、その評価について定まっておらず冒険的でもあったアール・ヌーヴォ式の設計を行ってもいる。西澤はいう。「前田は、官衙建築にアール・ヌーヴォ様式を採用するという西欧ではありえないことを行った。渡欧経験のない前田は、アール・ヌーヴォ建築を当時の最先端の建築と理解し、日本支配下の大連で最初の官衙にそれを用いたと考えられ得る。」

考えてみれば、役所建築は官僚主義と同様に前例重視で、革新的なものついてはどちらかといえば否定的であるのが常であった。だが、日本の建築官僚や設計者たちは、西洋建築を近代化様式として短期間に吸収しつつ、さらに新しく生まれていたアール・ヌーヴォなどを新たな近代化の様式として非近代化の地である植民地に応用しようとしたとみてよい。

ここで明治四五［一九一二］年に建設された初代通天閣にもどっておけば、辰野金吾などの工部大学校卒第一世代の建築物、さらに第二世代（帝国大学建築科卒）の前田などが明治四〇年前後に大連に建てた建築物などに比べれば、それはあまりにも即物的かつ世俗的な模倣であり、日本の近代化のある種の脆弱さを象徴しているようにも思える。

建築史家の稲垣栄三は『近代・現代建築史』（『新建築学大系第五巻』一九九三年刊）に寄せた「まえがき」で、「ようやく『近代建築』の全体像を少し距離を置いて眺めることができるようになった」現在において、広義には「近代」と「現代」、狭義には「近代建築」と「現代建築」との違いについての見方を示している。つまり、「基盤となる産業・技術の質的な転換があるであろう。しかし、産業・技術の革新がそのままの形で建築空間や都市の造形に反映するわけではないことは、あらゆる時代とともに共通する」と建築の歴史をとらえる稲垣は、「建築が建築であり続ける理由は、人間がそのなかで生活することにあるからである」と近代と現代の根底にある共通性にむしろ着目するのである。稲垣は日本の近代建築の歩みをつぎのように位置づける。

「明治以後の日本は、西欧文明が押し寄せてきた当時は、一つの辺境にすぎなかった。しかし一九六〇年代以後の日本は、建築家の活動が国際的な評価を獲得し、西欧諸国との間で相互に影響を与えあう関係になっていた。日本だけに限らないであろうが、後発国にとって一九世紀中期以降の一五〇年間は、西欧の技術・建築様式・理念の流入とそれへの対応に忙殺される激動の期間だったといえよう。日本の『近代・現代建築史』を語ることは、独自の伝統の重荷を負う非西欧国が西欧化を試み、近代化を達成し、やがて国際社会に組み込まれていく過程とその歪みを追うことにほかならない。」

むろん、日本のいわゆる近代化の中で、西欧近代建築――西欧の人間にとってそれが近代的であったかどうかはここで問わない――の分野で役割を担った一人であった設楽貞雄が、そこまで意識していたかどうかは疑問である。だが、少なくとも彼の残した通天閣や神戸タワーは、ごく普通の日本人にとって近代化とは何であるかを示す近代空間の一つのモニュメントであったことだけは確かである。

第一章　設楽貞雄の学び

工部大学校と工手学校

初代通天閣の設計者の設楽貞雄は、明治維新の三年前の元治元〔一八六四〕年に二本松藩——福島県安達郡——の藩士の家に生まれた。設楽は父親を明治維新前後の戊辰戦争で亡くしている。物心がつくかつかないかの歳であった。設楽は苦学して東京の工手学校の造家学科へ明治二一〔一八八八〕年に入学し、翌年に一期生として卒業した。二六歳の年であった。

この工手学校について、科学史家の中山茂は『帝国大学の誕生—国際比較の中での東大—』で「帝国大学成立時は、いったん維新の際にかきまわされた士農工商秩序を再整理して、エリート層上層とその配下に立つ一般層とに秩序立てる時期であった」とふれた上で、つぎのように指摘する。

「技術官僚については、帝大出の技師の下で生涯技手として働く中・下級技術者養成のため、工手学校をつくる相談が、明治二十年に工部大学校、工科大学の関係者のあいだでまとまった。洋学者の出で榎本武揚とともに函館にこもった大鳥圭介は、維新後工部省に入り工部大学校長をつとめたが、その大鳥が工手学校の初代校長となった。大鳥校長は、それまで大工・鍛冶・諸職工などはほとんど十年間も修業したのを、当校では近代的教育方法で僅々一年半で一科の専門学を修得させる、卒業生は職工と博士の中間に立つ『軍曹ノ如キ』もので、……」

もっとも、工手学校は中山のいうようにすっきりと単線的に誕生したわけでもなかった。当時、東京帝国大学の総長であった渡邊洪基（一八四八～一九〇一）あたりも、帝国大学が送り出す高級技術者を補佐・補助する人材の養成に関心をもっていたのである。渡邊は工部大学校の初代卒業生で英国留学を経て教授となっていた辰野金吾（一八五四～一九一九）にそのような工業学校の設立を相談したりもしていた。その結果、辰野を中心とする工部大学校卒業生ネットワークが工手学校誕生の推進力となった。

学校の名称については、茅原健は『工手学校―旧幕臣たちの技術者教育―』で、「当初の学校の名称の候補は『工業学校』であったのが、最終的に『工手学校』となった経緯がある」と紹介している。二つの言葉のニュアンスの違いが当時の雰囲気をいまに伝えてくれている。

工手学校は、辰野金吾を含む工部大学校卒業生一四名が発起人となって、明治二〇［一八八七］年一〇月末に夜間学校として開校した。(*) 学科は土木、電工、機械、造家（建築）、造船、採鉱、冶金、舎密（化学）であった。

＊日本工学会編『明治工業史（建築篇）』では、「明治二十一年二月六日創設せられたり」とある。工手学校のほかに、測量などの土木技師の養成所として攻玉社が明治一二［一八七九］年末開校し、のちに建築科も設けられた。職工長の養成所としては明治一四［一八八一］年に東京職工学校が、理学教育機関としては同年に東京物理学校が設立されていた。

初代の校長には中山も言及しているように大鳥圭介あたりが候補に挙がったようである。実際には、慶応義塾を経て工部大学校で化学を専攻した後、英国留学から帰ったばかりの三〇歳前の中村貞吉（福沢諭吉の娘婿、一八五八〜九五）が初代校長となった。とはいえ、大鳥圭介も工手学校の開校式に駆けつけている。工手学校誕生の旗振り役となった渡邊洪基は特選管理長、辰野金吾は監事という役職であった。

茅原は、旧幕臣で「五稜郭組」の大鳥がなぜ工手学校にかかわったのかについて、「大鳥が工手学校の開校式に出席するのは、『なぜだ』という思いがしないでもない」と問う。しかし、渡邊洪基のプロフィールのところで述べた「幕臣の技術者」という関連からいえば、大鳥と工学との関係は深いのである。五稜郭組(*)で、敗者となったとはいえ、オランダ留学の経験をもち、世界情勢に明るく、国際法に通じていた榎本武揚（一八三六〜一九〇八）と同様に、新政府は大鳥など専門知識をもつ人材を必要としていたのである。

＊五稜郭——日本の開国とともに、徳川幕府が北海道の函館に築城した西洋式の城郭であった。着工は安政四［一八五七］年でおよそ九年をかけて完成した。明治元［一八六八］年に大鳥圭介と土方歳三らが占拠し、新政府軍と戦闘——函館戦争——を繰り広げたが、敗れ去った。

大鳥は緒方洪庵に蘭学、江戸英龍に兵学を学び、西洋の農法・器械の採用、官営工場の設置などの仕事をする開拓使御用掛となっている。工部省では、工部権頭兼政策頭、工作局長、工部大学校校長などの要職に就いている。茅原は「このことが、大鳥をして日本の工学の推進、工業の革新に深くかかわることになった」と指摘する。

当時の明治政府にとって、逆臣とはいえ榎本武揚と同様に大鳥の専門知識はすぐにでも必要であった。新政府にそれだけの工学的知識をもった人材がいなかったのである。新たな国づくりには工業化が不可欠であり、そのためには技術者の養成が不可欠となっていた。

明治新政府の工業化推進を受け持った工部省が自ら学校を設立し、自前の技術者を養成せざるを得なかったのはそのためであった。工手学校設立に関わった辰野金吾等は、工部省が設立した工学寮へ第一期生として入学、当初の造船から造家へと専攻を変え、明治一二［一八七九］年に改称された工部大学校――明治一九［一八八六］年に東京大学工芸学部と合併して帝国大学工科大学となる――の第一期生として卒業している。辰野は卒業後に英国へ留学し、帰国後、三二歳で工科大学の教授となり、四〇歳を前に建築事務所を設立し、建築家として活躍することになる。

さて、旧幕臣の期待を背負って開校した工手学校であったが、純然たる私学であってその財政的基盤は脆弱であり、当時の財界人からの寄付によって支えられていた。『工学院大学学園百年史』によれば、三菱や住友などからも寄付があり、総額八九〇八円が集まったとされる。個人の大口寄付者は岩崎弥之助（三〇〇〇円）、住友吉左衛門、藤田伝三郎、古川市兵衛（以上、五〇〇円）、ほかに個人としては渋沢栄一、大倉喜八郎、浅野総一郎、高島嘉右衛門などの名前が見られる。団体や企業としては工学会、石川島造船所（ともに三六〇円）も寄付を行った。

こうして創始された工手学校であるが、明治二一［一八八八］年二月の寄稿とされる工手学校設立趣旨書は、つぎのように同校設立の意義を説いている。

「工業の隆盛を諮るには学術の応用極めて緊要なり。現今我国の工業稍々隆盛の機運に向ひ、鉄道敷設、道路開鑿、鉱山採掘、其他造船、建築、応用科学、等数多の事業国内各所に興起し、是等の事業に必須なる技術者を要すること頗る多きに至りしは畢竟工業は学術の応用を俟て始て完良の結果を得べきが故なり。

而るに今我国の有様にては技術者養成の学芸甚だ尠く、一二官立の学校に於ては高尚なる技術を養成するに充分なるも、各専門技術の補助たるべき工手を養成する学校に至りては亦一校の設置あるなし。故に工業家に於ては補助工手の供給なきに苦み、勢ひ学術応用の思想に乏しき者、を以て彼の高尚なる技師の補助を為さざるを得ず、為に技師は使役に不便を感ずるのみならず、結局工業家の不利益を来すものにて、即ち我国工業の進歩に一大障碍を与ふるものと云ふべし。是れ余輩の最も遺憾とする所なり。因て茲に一の工手学校を設立し、学科を土木・機械・電工・造家・造船・採鉱・冶金・応用化学の八学科に分ち、世間有志の子弟又は昼間各工場に使雇せらるる工手職工等に就学を許し、授業の方法は専ら速成を旨とし、所謂補助工手を養成し、以て我国工業の隆盛を企図す。聊か記して本校設立の趣旨を陳ると云爾。」

校長は既述の中村貞吉、辰野金吾たちが監事となり、造家学科主任には辰野と同様に工部大学校一期生で赤坂離宮などの設計を担当した片山東熊(*)（一八五四～一九一七）、同二期生で福沢諭吉の甥にあたり文部省庁舎などの設計者であった藤本壽吉が就任し、工手学校の初期を支えていた。

*片山東熊——宮内省に属し、東宮御所（赤坂離宮）の設計など宮廷建築家として知られた。旧帝国奈良博物館、旧帝国京都博物館、東京郵便電子局（明治二五［一八九二］年）のような建物も設計している。

二九歳の若き校長の中村貞吉は、商工徒弟講習所を仮校舎——七か月後には小田原町校舎に移転——として、あわただしくスタートした工手学校の開校式で、つぎのような訓示を行っている（『工学院大学学園百年史』所収）。

「本校の目的は、校名の指示する如く各学科技師の補助となるべき工手、即ち英語のフォールメンを養成するが目的にして、決して高尚なる技術学校にあらず、決して工科大学まがいのものにあらざる。

工手の工業上大切なることは固よりのことにして、今更余の喋々を俟たずして明らかなり。工業は恰も戦争の如し。将官および兵卒の外に、佐官、尉官、曹長、軍曹等を要するものなり。本校は工業上の尉官、曹長、軍曹を養成する所なり。本校卒業生は、技師の下につくべき工手なり。然れども必ず一生涯工手を以て終はるものと云ふにあらず。

本校卒業の後は、良技師に就き勉励したならば、天晴れ実地の大技師となるものもあらん。又或は大学者となるものもはかるべからず。かの英国の大学者ファラデーも有名なるワットも小僧或は工手たりしなり。」

帝国大学出の学士を将校とすると、工手学校の卒業生はあくまでのその指示の下で動く下士官という物言いであるが、「良技師に就き勉励したならば、天晴れ実地の大技師となるものもあらん」という最後の締め括りの言葉は当時の明治の気風でもあったろう。

初代通天閣の設計に関わった設楽は、そうした工手学校の一期生として造家学科に入学して一年ほど——のちに一年半に延長——で西洋建築技術を学び、社会へと巣立った。一期生は全部で一九名——うち、別科生一名——であり、設楽の卒業成績は二番であった。ちなみに、造家学科は明治三一［一八九八］年に建築学科に改称されている。修学年限は明治後半には予科一年、本科一年半となった。

最初の卒業生は一九名とささやかであったが、『明治工業史（建築篇）』によれば、明治末年までの卒業生総数は一二六四名となっている。ただし、年によって卒業生数は変動していた。もっとも卒業生が少なかったのは明治二九［一八九六］年でわずか四名、もっとも多い年は明治四四［一九一一］年で六四名となっていた。大正二［一九一三］年は、八八名であった。(*)

＊日本の建築学教育についてみると、官立学校については工部大学校などのほかに、明治三八［一九〇五］年に名古屋高等工業学校に建築科が設けられ、明治四一［一九〇八］年に第一期生一六名を送り出した。また、明治四〇［一九〇七］年に東京高等工業学校に建築科が設けられ、明治四三［一九一〇］年に第一期生二一名を送り出した。工手学校と同様に私立ということであれば、明治四二［一九〇九］年に早稲田大学に建築学科が設けられ、翌年から授業を開始し、第一期卒業生は大正二［一九一三］年に一一名であった。

前述の茅原は工手学校と卒業生について「建築とは限らないかもしれない」とわざわざ断った上で、「『工手学校出身者は製図が非常に上手である』という定評があった」と指摘する。茅原は造家（建築学科）の専門科目の内容についてつぎのように紹介する。

「製図が上手だというのは、建築学科の専門科目に割り当てられた時間配分を見てもわかる。たとえば、『建築材料』二時間、『家屋構造』三時間、『和洋建築』三時間である。ところで『製図』は、第一期は五時間、第二期と第三期はそれぞれ一〇時間、割り当てられている。こういう授業を受けたうえで、実社会で働く。」

この種の実習科目、とりわけ製図などは、学校において取り組むだけではなく、自宅などでの練習時間を入れると、学生たちは毎日きわめて長時間、製図に取り組んだに違いない。工手学校出身者は製図がうまいという世評は学生たちのそうした努力の下で形成されたとみてよい。

参考までに、夕刻からおよそ四時間行われた授業科目を、当時の造家学科の科目配当表（カリキュラム）の記録から紹介しておく。

地形構造大意、煉瓦石職大意、石工職大意、大工及建具職大意、鉄物職大意（錬鉄、鋳鉄、銅、亜鉛、鉛共）、屋根職大意、瓦職大意（石盤職共）、左官職大意、塗師職大意（ペンキ、ワニス漆職共）、経師職大意、玻璃職大意、電気職大意、瓦斯大意、計算及仕様、製図。

大意は、いまでいう概論と考えてよい。科目配当表からみるかぎり、授業内容はきわめて盛り沢山で実践的であったが、一年間の夜間事業という短時間でどの程度身につけたのであろうか。『工学院大学学園七十五年史』はこの点についてつぎのようにふれている。

「上記の科目を見れば、当時の工業界の要求と、学校の教育程度の内容が窺知されるのであって、以後数度の改正を重ねていったけれど、上記の科目はその基礎となった記憶すべき記録である。これを見ると内容は相当高級な課目であって、高等小学校卒業生の学力が、はたしてこれに堪えられるかどうか。また教科書の出版年月が西暦になっているのは、教師が原書を使った一証である。」

いまから考えても、短期間で盛りだくさんの科目が教えられていたことになる。これらに関する基礎知識が学生たちのなかにどれほどあったかわからない。ただいえることは、学生たちの旺盛な向学心がそうした学びの場を真剣な時空としていたことである。

工手学校の卒業生たち

きわめて短期間に実務教育を受けた工手学校の初期の卒業生たちのその後については、『工学院大学学園七十五年史』が、巻末資料として「工業界に活躍した卒業生」を各期について掲げている。ちなみに、設楽貞雄等の第一期生では六名が掲載された。内訳は、機械科一名、電工科二名、採鉱冶金科一名、造家学科は二名であった。残念ながら設楽貞雄の名前は記載されていない。紹介された造家学科卒業生の略歴はつぎのとおりである。

松田登三郎――「慶応三［一八六七］年八月生まれ。大倉土木、太平建築、小館木材各社の重役を務めた。」

大泉竜之輔――「生年不明。大倉土木ＫＫ建築部長、大泉建築事務所主となった。」

興味があるのはこの二人も設楽と同様に、その職業生活を大倉土木からスタートさせていることである。当時、建設会社が多くあるわけではなく、彼らが働きながら学んだ知識を生かし、実務経験を習得できる場所は限られていたのである。

設楽貞雄はもっぱら関西で活躍することになったために、工手学校の関係者からはその名前が忘れられていったのだろうか。いや、そうとばかりは考えられない。明治三二［一八九九］年の卒業生で、のちに「関西屈指の建築請負業橋本組」の代表となった橋本政吉などは掲載されている。

当時、建築業界などはそう大きな業界ではなく、お互いに、ましてや卒業生同士はよく知っていたに違いない。設楽は卒業生たちなど学校関係者とあまり接触がなかったのか。いずれにしても彼の名前は「工業界で活躍した卒業生」としては掲載されていない。

参考までに、第一回造家学科――のちに、建築学科に改称――卒業生だけではなく、第二回以降の卒業生のうち、「工業界で活躍した卒業生」として『工学院大学学園七十五年史』に記載された人たちを、明治年間にかぎって紹介しておこう（カッコ内は卒業年次）。

小川清次郎（明治二六［一八九三］年度卒業）――「明治六［一八七三］年生まれ。造家学科第四回卒業生。小川組（現小川建設ＫＫ）を創設して社長となって終始したが、かたわら建築学会所属建築会館監査役、東京土木建築工業組合監事をつとめたほか、東京地方裁判所調停裁判委員に任ぜられた。工学院理事、工学院大学監事、工手学校同窓会専務理事および副会長として功労が多かった。」

大原忠隆（同）――「生年不明。大倉土木（現大成建設）KK大阪支店長となった。」

瀬戸文吾（同）――「慶応三〔一八六七〕年生まれ。KK横川橋梁製作所の重役として異彩を放った。」

内山熊八郎（明治三三〔一九〇〇〕年度卒業）――「明治一四〔一八八一〕年生まれ。大正八〔一九一九〕年清水満之助本店（現清水建設KK）の工事長となり、本店工事長、工事部第一部長、本店営業部長等を経て、昭和七〔一九三二〕年清水組常務理事となり、その他日本土木建築請負業連合会理事、財団法人工手学校校友、工手学校同窓会役員でもあった。」

植村克己（同）――「生年不明。大正八〔一九一九〕年大林組の東京支店長となり、大正一三〔一九二四〕年から昭和一〇〔一九三五〕年まで同組常務取締役として活躍。また、大正一四〔一九二五〕年には財団法人工手学校校友に推挙されている。」

瀬戸強三郎（同）――「生年不明。昭和一八〔一九四三〕年KK竹中工務店東京支店営業部長となり、取締役を兼ねる。昭和二〇〔一九四五〕年昭和温調工業KKの常務取締役となる。学校法人工学院大学評議員。」

福島政吉（明治三五〔一九〇二〕年度卒業）――「生年不明。昭和一二〔一九三七〕年清水建設KKの常務取締役となり、昭和一四〔一九三九〕年死去までその任にあった。」

谷民蔵（明治三六〔一九〇三〕年度卒業）――「生年不明。大正八〔一九一九〕年日本エレベータKK社長、昭和一一〔一九三六〕年東邦輸送機工業KK社長を歴任。昭和二九〔一九五四〕年には日本建築協会理事となる。」

高橋宣（同）――「生年不明。大正一三〔一九二四〕年から昭和一三〔一九三八〕年まで小川組（現小川建設K

Ｋ）取締役として活躍した。」

木田保三（明治三九［一九〇六］年卒業）――「生年不明。ＫＫ木田組（現木田建業）を創設。のち札幌グランドホテル取締役、丸の内会館取締役となる。工業行政委員として活躍する一方、優秀特許数件を得た。」

松本与作（明治四〇［一九〇七］年度卒業）――「明治二三［一八九〇］年生まれ。第一生命保険相互ＫＫ顧問、本学園では短期大学建築科促進委員会の幹事長その他を勤めて貢献した。」

和田大五郎（同）――「明治一九［一八八六］年生まれ。土木学科も卒業。斎久工業ＫＫの代表取締役であって、衛生工業協会、日本管工事工業協会理事などをつとめ、昭和三四［一九五九］年に黄綬褒章を授けられた。」

藤井庄作（明治四一［一九〇八］年度卒業）――「生年不明。矢島建設ＫＫ副社長となった。」

番匠竜吉（同）――「明治一五［一八八二］年生まれ。昭和一八［一九四三］年に香西建設ＫＫ技術部長となる。昭和三一［一九五六］年紺綬褒章を授けられた。」

森岡恭平（明治四二［一九〇九］年卒業）――「明治一九［一八八六］年生まれ。建築学科卒業後、東京帝国大学理学部を卒業。日本医科大学教授となり、次いで工学院大学教授となる。」

渡辺愛次郎（同）――「明治一八［一八八五］年生まれ。ＫＫ渡辺組社長として、全国建設業協会から表彰され、建設大臣から表彰状を受けたほか、昭和三四［一九五九］年には黄綬褒章を授けられた。」

福田虎助（明治四四［一九一一］年度卒業）――「生年不明。大成建設ＫＫの重役となった。」

安藤清太郎（明治四五［一九一二］年度卒業）――「明治二九［一八九六］年生まれ。のちに東京商業学校卒業。

大正一一［一九二二］年ＫＫ安藤組（現安藤建設ＫＫ）取締役、のち組長となる。昭和二三［一九四八］年から全国建設協会会長、経団連常任理事、経済同友会幹事、日経連常任理事、東京商工会議所理事などに就任。建設省住宅対策審議会、通産省日本標準調査審議会等の各委員を兼任した。昭和二八［一九五三］年ジュネーブにおける第四回ＩＬＯ会議に建設業使用者代表として出席、昭和三〇［一九五五］年には藍綬褒章を授けられた。工学院大学の相談役、顧問。」

尾山和孝（同）――「明治二五［一八九二］年生まれ。昭和一六［一九四一］年ＫＫ小川建設常務取締役となり、足利木工ＫＫ社長、足利建具ＫＫ社長を経て、昭和二〇［一九四五］年足利航空工業ＫＫ会長に就任。昭和三五［一九六〇］年学校法人工学院大学評議員。」

木村浩一郎（同）――「生年不明。さらに早稲田大学理工学部を卒業して、工学博士を得、同大学の教授となった。」

山県章要（同）――「明治二三［一八九〇］年生まれ。さらに中央工学校建築高等科を卒業して、東京鋼板工業ＫＫ取締役となった。」

これら卒業生に共通するのは、造家学科第四回卒業生であった小川清次郎が興した小川組が、彼らに、それまでの大倉土木以外のキャリアパスを提供していることである。さらに、わたしたちの興味を引くのは起業家たちが目立つことである。彼らは自ら建設企業を起こしたパイオニアたちであった。また、建築業界の大手・中堅企業の役員クラスとなった卒業生も一定数見られる。

一方、個人で建築事務所を起こした設楽のような卒業生はほとんど記載されていない。多くの同窓会組織、とりわけ役員においては、ある種の序列が勤め先の社格と地位に連動していることから、設楽貞雄のような

建築家個人としての活躍が過小評価されていたとしても不思議ではない。(*)

＊同窓会組織の社会経済学的分析については、つぎの拙著を参照のこと。寺岡寛『学歴の経済社会学―それでも、若者は出世をめざすべきか―』信山社、二〇〇九年。

ただし、一つのエピソードがある。それは、工手学校が創立五〇周年を記念して行った記念事業の一つとして、特別功労者写真が学校本館の正面玄関から二階に通じる階段の両側に掲げられることになった。「工手学校復興会」が選んだ卒業生は五三名であった。工手学校復興会とは関東大震災で崩壊した校舎の復興を目的として組織された募金会で、会長は古市公威（一八五四～一九三四）、副会長は高松豊吉（一八五二～一九三七）、いずれも工手学校設立に深いかかわりをもった人たちであった。設立趣意書はその目的をつぎのように述べている。

「工手学校は大正一二年九月、関東大震災の惨禍を免る能はずして、遂にその校舎設備一切を挙げて烏有に帰せしめたり、仍て今般本校校友及び出身者相謀り、工手学校復興会を組織し、以て本校の復興を速かに達成せしめんとす。……本校は明治二一年二月の創立に係り……三〇有八年、今は約三五〇〇名の生徒を収容するに至りたるのみならず、卒業生を出すこと実に一万六千余名の多きに達し……我が工業界に貢献したる所大なりと謂ふべし。（中略）然るに冒頭述ぶるが如く、一昨年の大震に因る再度の罹災は、重ねがさねの不幸にして、真に遺憾の至りに堪えず。……本校校舎の新築と、諸設備の復旧とが、焦眉の喫緊事なるは、敢て言を俟たざる所なり。（中略）社会の要求に応じ、益々工業の発展に資し、大に我邦産業の隆盛を企図せんと欲す。冀くば有識の諸彦、本旨に賛同せられ、奮て援助を賜らんことを。」

選ばれた五三名のうち、造家学科――建築学科――の卒業生は、第一期生の設楽貞雄と前述の大泉竜之輔、第四期生の小川清次郎、第九期生の安藤熊吉、第二〇期生の橋本料左衛門、第二二期生の内山熊八郎、第三四期生の木田保三――後述――、建築科修学の広瀬久彦の八人であった。このうち、内山熊三郎は復興会の理事であった。設立五〇周年でかなり多数の卒業生をすでに世に送り出しているなかで設楽貞雄が選ばれたことは、彼の作品が卒業生のなかである程度評価されていたことになるまいか。

新校舎の図案については、工手学校出身者から募集され、一等には第五八期生の永井直孝が、二等には第四四期生の千草謙が選ばれている。結局のところ、こうした入選図案を元に、卒業生たちの委員会がつくられ、実行設計案が作られていった。建築委員には第一期生の大泉竜之輔や後述の文部技官の新山平四郎――復興会の千葉県担当の評議員を兼任――などが選ばれている。

設楽貞雄の建築家人生

さて、設楽のその後の活躍は、まさに茅野の指摘のとおりであったといってよい。

設楽は卒業後、日本土木会社に務めている。日本土木会社は明治二〇［一八八七］年に大倉喜八郎（一八三七～一九二八）、藤田伝三郎（一八四一～一九一二）、渋沢栄一（一八四〇～一九三一）といった財界有力者たちが政府などの土木建設工事を独占的に受注するために設立された有限責任会社であった。大倉が初代社長に就任し、関西財界の藤田も加わっていたことからもわかるように大阪にも支店が設けられた。

日本土木会社の資本金は二〇〇万円であり、当時の資本金規模からすれば最初から巨大企業が誕生していたことになる。同社の設立目的が「水利土木工事及び家屋堂宇の建築請負業を営む」とされたように、土木部と建築部が設けられた。技術者には当時数少なかった大学出身者を揃え、中央官庁や地方庁の建物、学校関係の工事を受注している。工手学校出身の設楽は、大学出身の建築技術者から多くを学ぶと同時に、建築家として、工部大学校出のエリート設計者とはまた別のセルフアイデンティティの確立を迫られたに違いない。

とはいえ、政府関連の建物の建設を優先的に受注していた日本土木会社は、その後、一般競争契約制度が導入されるにしたがって、その独占的地位を失うことになる。結果、六年後に大倉喜八郎が日本土木会社を継承し、大倉土木組となる。時代は清水や大林などの民間建築土木業者が活躍する時代となっていく。

設楽自身は日本土木会社で華族女学校や東京郵便電信局の現場工事に携わっている。華族女学校はもともと四谷にあったが手狭になったために、明治二二[一八八九]年に永田町に移転し、ゴシック式の校舎を建設した。設計は工部大学校造家学科卒で宮内省関係の設計にあたっていた新家孝正（一八五七〜一九二二）である。設楽が日本土木会社に入社したころには、すでに赤レンガの二階建て校舎は完成しているから、他の校舎部分の建設や補修などに携わっていただろう。

東京郵便電信局の設計は工部大学校造家学科第一回卒業生で、赤坂離宮の設計者でもあった片山東熊（一八五四〜一九一七）が担当している。片山が得意とするルネッサンス方式の三階建ての堂々たる建物である。設楽が入社したころは建設中であった。設楽の経験は、いまでいえば短期間のインターンシップのようなものであったろう。設楽はこの「修業」のあと、宮内省内匠局に移り、片山東熊設計の帝室京都博物館の建設に関わっている。その後は、山口半六（一八五八〜一九〇〇）がいた桑原政工業事務所に入っている。

そして、山口半六が独立して建築事務所を起こしたのを契機に、山口事務所の幹部——支配人兼所長代理——として彼の事務所へと移っている。山口半六は、わが国西洋建築の草分けとなった辰野金吾など造家学会の発起人二六人のうちの一人であった。造家学会の発起人の多くは工部大学校の卒業生であったが、山口は開成学校でフランス語を勉強したあと、文部省第二回留学生として選抜されフランスのエコール・サントラールに留学し建築学を修めた。二年間のフランスでの実務も経験している。当時ではユニークな経歴の持ち主であった。

建築史家の村松貞次郎は『日本近代建築の歴史』で山口半六を、コーネル大学で建築学を修めた妻木頼黄(*)（一八五九〜一九一六）と並ぶ「異端の人」としてとらえる。村松はこの山口について「工部大学校造家学科出身の人びとが主流となり、しかも明治の人らしくなかなかアクの強い人間の集まりの中で、山口はいわば傍系としてその生涯を終始した」と述べた上で、彼の建築家としての後半生をつぎのように評価する

「四校（明治二十四年）・五校（明治二十二年）などの学校建築を手がけて、文部省営繕の源流を作ったが、明治三十二年独立して設計事務所を設け、主として関西で活躍した。……都市計画という総合的な考察を必要とする計画の分野は、工部大学校出の、造家だけで固まった人たちにはまったくの弱点だった。むしろそういう頭がまったく欠けていたといってよい。山口半六はこの分野で独自の活躍をしている。……大阪や長崎の日本で最初の本格的な都市計画の依嘱を受け、長崎の仕事の中途で病没した。……日本で最初の専門的な都市計画家の栄誉を与えてもよいのではなかろうか。」

*妻木頼黄——工部大学校造家学科を中退し、明治一五［一八八二］年に渡米しコーネル大学で建築学を学んだ。米国での実務を経験して帰国。東京府に勤務後、内務省臨時建築局、大蔵省臨時建築部などで官庁建築に取り組んだ。ドイツでも実務を経験している。代表作としては旧横浜正銀本店（明治三二［一八九九］年着工、五年の歳月をかけ完成）がある。

ちなみに、もっぱら関西で活躍していた山口は病に倒れ、神戸で静養することになる。彼の最後の設計は

フランス・ルネッサンス様式の兵庫県庁であった。しかし、彼自身はその完成をみることなく世を去っている。

設楽は山口半六事務所のあと山陽鉄道に移り、同社の関連施設——駅舎、工場、ホテル——の建築設計に携わった。設楽が神戸やその周辺に多くの作品を残したのは、山口半六事務所勤務時代の人的ネットワークの影響があったとみてよいのではないだろうか。

茅原は前述の『工手学校』で、設楽たち工手学校出身の建築家を「職人気質の旺盛」な人材であったと位置づけ、設楽以外の建築家も紹介している。

新山平四郎——「文部技官。北海道大学の登録文化財となっている古川虎之助の寄付による古河講堂（明治四二［一九〇九］年完成）の設計者であった。」

村瀬国之助——「陸軍建築技師、名古屋の学校建築の設計者であった。」

小林福太郎——「社寺建築家、栃木県足利市の織姫神社社殿や長林寺本堂などの寺院建築の設計者であった。」

木田保造——「百貨店や学校建築、東本願寺函館別院の設計や施工に携わった。」

松本与作——「財界人の個人住宅、第一生命本館の設計者——東京帝国大学建築学科卒業生の渡辺仁（一八八七～一九七三）との共同設計——であった。」

このほかにも、辰野金吾などの設計による日本銀行本店や日本生命本館の建設の現場主任を経て大阪で建築請負業者となった山本鑑之進、文部省で学校建築を多く手掛けた白岩正雄などがいた。

設楽は、明治四〇［一九〇七］年に自ら神戸建築事務所を起こした。このころに、大阪土地建物会社との緊密なつながりができ、通天閣の設計を依頼されることになる。設楽の作品を振り返ると、この時期を除いて通天閣や神戸新開地タワーのような象徴的な建物などはきわめて少ない。工部大学校やその後継機関となった東京帝大工学部出身の「博士」たちが取り組んだ国家的権威を示す公共施設などに比べて、職工ではないが、博士でもない中間的技師――軍曹の如き――として、設楽が取り組んだのは工場建物、オフィス、劇場、そして個人住宅がほとんどである。しかも、その「作品」は大阪や神戸に集中している。

たとえば、工場建物ということでは、独立前の山陽鉄道――のちに国有化される――の建築技師時代には、鷹取工場（神戸市内）、下関工場、下関山陽ホテル、下関鉄道旅館などの設計に関わっている。山陽鉄道は最初、明治二一［一八八八］年に兵庫工場を創設し、機関車や客貨車などの製造、修理を行った。神戸の工場としては、当時、川崎造船所につぐ規模で六〇〇人ほどが働く屈指の大工場であった。やがて、神戸・下関間の鉄道が開通し、新たな車輌製造や修理で忙しくなり、山陽鉄道は明治三三［一九〇〇］年に新たに鷹取工場をつくっている。

設楽は独立後には日本毛織加古川工場、同印南工場、鐘淵紡績高砂工場、大日本セルロイド（現ダイセル化学）網干工場などの設計を手掛けている。オフィスの設計では、日本毛織本社（神戸市内）、京都電灯本社、大阪電灯本社、内田汽船本社（神戸市内）、江商ビルディング（大阪市内）や長瀬商店（長瀬産業、同上）などがある。

劇場では、近松座（大阪市内）や、神戸生まれ神戸育ちのわたしにとっては、小学校のころに親に連れられて映画などをよく観に行った聚楽館――ただし、それは改築された二代目で初代聚楽館が設楽の設計である――がある。聚楽館は、後に映画評論家となって活躍した淀川長治（一九〇九～九八）が子どものころによく通った映画館であり、当時関西でも名の通った劇場・映画館であった。

個人住宅では、設楽は神戸市の須磨で多くの設計に関わっている。彼の「作品」は洋館から和洋折衷、御殿風和風住宅まで幅広い。そのなかで現存する個人住宅は旧西尾住宅――レストランとなっている――や、大日本セルロイド網干工場の外国人技師住宅などである。

設楽は、工部大学校やその後の東京大学で建築を学んだ高級将校たちに対しては短期養成の下士官であり、日本の建築業界のピラミッド構造のなかにあっては、日本という近代国家や経済的勃興を象徴するような建物の設計を任されてはいなかったともいえる。

とはいえ、設楽は、見よう見まねで西洋建築に取り組んだ無名の棟梁や大工たちとも異なっているのである。設楽は地方の西洋建築などを手掛ける中堅的設計者として生きた。晩年、設楽は日本建築協会の理事――大正八［一九一九］と大正九［一九二〇］年――、副会長――昭和一一［一九三六］年、東京大学建築学科卒で満鉄や大阪瓦斯ビルなどの設計をした安井武雄（一八八四～一九五五）も同時に副会長――に就任する。それはあまり中央に知られることのなかった彼の仕事へのある種のご褒美であったのかもしれない。

日本建築協会は、大正六［一九一七］年に当初は関西建築協会として発足し、三年後に日本建築協会と名乗ることになる。神戸の異人館の研究で知られる建築史家の坂本勝比古は「日本建築協会の遺産と功績」で、関西建築協会創設の背景について「協会が生まれるべくして生まれる必然性があったのではないか……もっと根源的には大正デモクラシイとか、大正ロマンとか言われるように、格式張った秩序や因習から解き放たれて、自由な空気を吸い、自らの理想を都市や建築を通じて実現したいという強い願望が、大阪を中心に集まった建築家たちの胸中にあったからである」と指摘する（日本建築協会『日本建築協会八〇年史―一九一七

〜一九九六』所収)。

だが、現実は次章でもふれるように、日本の首都として公共施設の充実がすすんでいた東京と比べて、工業都市となった大阪は当時、人口が急増する一方で、無秩序で劣悪な環境条件下の住商混在という問題を抱えていた。大阪は都市環境の悪化に苦慮し、お世辞にも洗練された都市的景観の街であったわけではなかった。坂本は、関西建築協会の結成に集まった建築家はそうした状況を「見るに見かねて……この協会を生む大きな原動力になった」と分析する。

関西建築協会の結成に大きな役割を果たしたのは、片岡安(一八七六〜一九二〇)であった。片岡は加賀藩藩士の家に生まれ、東京大学造家学科を卒業して、日本銀行に入り建築技師となっている。彼と大阪を結びつけたのは、日本銀行大阪支店の工事監理のために大阪に赴任したことであった。彼はこのときに日本銀行大阪支店長の片岡直輝(一八五六〜一九二七)の知己を得る。ちなみに、片岡直輝はのちに大阪瓦斯、阪堺鉄道――のちの南海電鉄――、阪神電鉄などの公共事業や大阪株式取引所、大林組などに関わることになる人物である。

片岡直輝はこの新任の設計技師の人柄を気に入り、実弟で日本生命保険の副社長であった片岡直温(一八五九〜一九三四)に紹介し、後に片岡安はその婿養子――それまでは網野安――となる。片岡安は日本銀行を去り、大阪船場などの商人が中心となって設立した第三十四銀行――のちの三和銀行の母体の一つ――の建築技師となり、本店や支店などの設計を担当している。

その後、片岡安は東京大学造家学科――その後、建築学科――の大先輩にあたる辰野金吾と明治三八[一九〇五]年に大阪辰野片岡建築事務所――のちに単独経営――を開いている。片岡家の持つ大阪財界との人的ネットワークと、わが国建築家の祖であった辰野金吾の名声もあり、片岡安は大阪の銀行、企業の本社ビル、公会堂、工場など多くの建物の設計に携わった。また、同郷で内務官僚となり東京府知事を務めた井上友一（一八七一～一九一九）との交流を通じて都市計画にも関心を深めていた。なお、片岡安はそれまで実業家たちが務めた大阪商工会議所の会頭にもなっている。

片岡安は関西建築協会設立の「こころざし」をつぎのように記している。

「我が関西建築協会は、時代の機運に促され、建築技術家の覚醒に由り、大戦乱第四年の春、梅が香薫る関西の天に呱々の声を上げたり。

思ふに、明治維新以来、我が国の文物は其のあらゆる方面に亘りて、空しく苟且主義の上に樹てられ、少しも確固たる基礎を有せず、所詮過渡時代の混沌たる状態にありしが、時は絶え間なく進みて黎明の気は天地に漲りぬ、暁の鐘大将に高く鳴らんとす。

此の進展期に際し、社会を指導する大抱負の下に、我が国建築界の堅実なる発展を期し、科学的に組織ある文明的都市の建設を計るべき急要の時期なるを覚悟し、以て将に鳴らんとする暁鐘第一の金網杵たらんと欲す。蓋し、其の事や大にして其の責や亦重しと云はざるべからず。

我が関西在住の建築技術家は茲に結束して起ちぬ。偏に其の任務の軽からざるを感じながら、専ら斯の偉いなる目的遂行に熱中し、従来我が国一般に措いて問はざりし都市建築の拘束以来、家屋政策、其の他文明的施設の刻下急要の問題にして苟くも建築に関連せるものは、凡て之が研究調査をなし、之を社会に発表して啓蒙の位置に立たんと期す。

天下有識の士、幸に此の誠意に同情し、斯の事業の成功に協力せらるるあらば、豈独り我が完成建築協会の利益のみなるならんや。　片岡安」

片岡の「こころざし」からは、時代を通り越して、建築芸術家の意識が必要であるという強い決意が伝わってくる。片岡は、建築家は建築芸術家として文明的都市の建設に貢献すべきであるという時代的養成の中に生きていることを高らかに主張したのである。この背景には、東京に後れをとりつつあった大阪の建築家のあせりもあったに違いない。

　さて、建築家の団体ということでは、辰野金吾など工部大学校で建築を学んだ第一期生が、明治一九［一八八六］年に、その七年前に発足していた工学会から分離独立して、「全国同業家ノ協力一致ヲ図リ、兼テ造家学ノ進歩ヲ期望《ママ》ス」とし、造家学会——当初は造家学協会や造家学士会とも呼ばれていた——を設立している。造家学会はアカデミックな団体であった。

　他方、大正三［一九一四］年に辰野金吾ら一二名によって設立された建築士懇談会は、設計事務所を実際に経営する建築家たちによって結成され、翌年に日本建築士会となっている。いずれにしても建築業界のエリート団体である。これに対して、日本建築協会は関西に地盤を置く建築家たちが、東京などで活躍する辰野たちの、中央集権的で権威的な組織運営に対して反発した結果といってよい。

　政治都市東京で、国家的威信を強く意識した政治的建造物の設計を中心に精神形成を行った設計家たちと異なり、経済都市大阪を中心とした関西の設計家たちは事業感覚や生活感覚に重点をおいた精神形成を行った。そうした日本建築協会の副会長職は、設楽の後半人生にとってある種の記念碑ともなったであろう。

　設楽は京都の帝室博物館などの建設に関わった経験もあり、国家の威信をかけた設計者たちの取組みに接している。しかし、帝大出身者とは異なる分野へ、とりわけ民間主導の建築へと移っていった。設楽にとって関西の風土が合ったのだろう。

設楽は山陽鉄道の建築係長として停車場などを多く手掛けた。しかし、民間の山陽鉄道が明治三九［一九〇六］年に国有化されると同時に退社し、その後、在野の建築家として活躍することになる。

既述のように、設楽が神戸の三宮駅山側の下山手通りに神戸建築事務所――後に設楽建築工務所に改称――を設立したのは明治四〇［一九〇七］年で、不惑の歳であった。設楽は、当時の山陽鉄道社長――牛場卓蔵（一八五〇～一九二二）――や副社長――村野山人（一八四八～一九二一）――の自宅の設計も担当している。このことは、独立後間もない設計事務所経営のやりくりにとって大きな助けとなっただろう。設楽は牛場卓蔵や村野山人などを事務所の相談役に迎え入れている。

近代建築史研究者の石田潤一郎は『関西の近代建築―ヴォートリスから村野藤吾まで―』で、設楽の山陽鉄道時代の作品である広島軍用停車場前凱旋門（明治三八［一九〇五］年）について、「きわめて奇妙な装飾をまといつけた建築であった。どんな建築様式にも属さないそのモチーフは、おそらくゼツェッションを独自に咀嚼したものであったろう」と指摘する。

「きわめて奇妙な装飾」ということは、設楽が独立後最初に手掛けたとされる山本藤助商店の本店――大阪市南区安堂寺橋――についてもいえる。そこには統一的なデザイン性があるとは言いがたい。石田は「大阪の近代建築、その個性の成立」でつぎのように評する（大阪府立文化情報センター・新なにわ塾叢書企画委員会編『大阪の近代建築と企業文化』所収）。

「設楽貞雄さんの若いころの作品ですけれども、アール・ヌーヴォーと、これはなんというかインド建築もどきみたいなものを一緒にしたようななんとも妙なデザインです。我流のデザインといえないことはない。ですけれども、何かあるお手本があって、例えばヨーロッパの情報をそのまま右から左にその通りに取り入れて、『ほれ、これが正しいヨーロッパの最新流行ですよ』というタイプの建築にはうかがえない、建築家が使いたいような流行をアレンジして使っている自由さが伺えるかと思います。」

他方、ゼツェッション(*)での設楽の代表的初期作品としては、大正三〔一九一四〕年に建てられた大阪北浜の有澤眼科病院――現存せず――が挙げられる。手元にある写真をみると、当時その周囲にあった日本家屋とは一線を画した、一見ドイツ風の重厚な、塔屋をもつ三階建ての病院であったことがわかる。

＊ゼツェッション（セッセション）――原義は「分離」の意。一九世紀末のウィーンを中心とした画家、彫刻家、工芸家、そして建築家などの若手集団で分離派とも呼ばれた。従来の伝統的な造形表現に反発して自分たちの新しい作風を志向した。ウィーン派のデザインでは機能性、合理性が強調された。技術的には鉄骨や鉄筋コンクリートなどが利用されるようになった。フランスのアール・ヌーヴォーでは従来の装飾とは異なる植物をデフォルメした曲線の多いデザインなどが強調されるようになる。その影響は欧州諸国の建築に現れた。

石田は、早稲田大学で建築学を学び、後に日本を代表する建築家の一人として評価されるようになる村野藤吾（一八九一～一九八四）が大阪を自身の仕事の拠点とした理由が、設楽が設計した有澤眼科病院にあったことに言及したうえで、設楽の自由な設計についてつぎのように分析している。

「たしかに驚かされる。全体は平滑な壁面を垂直方向に細かく分節するドイツ風のゼツェッションの手法でまとめられている。そこに単純化された三角形のペディメントが加えられるのもゼツェッションの常套的構成である。しかし細部を見ると、ロマネスク風の幅広のアーチがちぎりとって張り付けたような感じで割り込んでいたり、和風建築のディテールが石に置き換わられて交じってきたり、家紋のような装飾が付いていたり、他に例のない意匠である。いうなれば脈絡を欠いたモチーフの羅列にほかならない。だが、外から与えられた脈絡など無視して自分の関心に従順であろうとする思想をこそ、村野藤吾は『自由』と呼んだのである。」

自らも自由な設計思想を求めていた村野は、東京を中心とする国家の威信をかけた建築物に携わっていた建築家の権威主義やそうした人材を送り出してきた東京大学建築科のアカデミズムの作風とは縁のない、自由闊達で、ある意味で形式や様式などに無頓着、天真爛漫で「自由」な模倣を、設楽の作品に感じたのかもしれない。

石田もこの点にふれている。

「建築の世界では、大正期以降、私立大学と高等専門学校の設置によって帝大出だけしか指導的地位に就けないという構造は揺らいでいく。とはいえ、初任給にはっきりした差が付くなど、本流と傍流の区別は社会に根付いてしまっていた。村野藤吾に話を戻せば、彼など特に草創期の早稲田出身者として、暗黙のうちに自分の可能性を限定してくる社会の理不尽な思い込みに怒り、鬱屈することも多かったはずである。そうしたとき、工手学校出身の設楽貞雄が大家となって、しかも思いのままに新しい動向を追うことのできる風土を知って、励まされるところは大きかったのは間違いない。」

とはいえ、設楽の設計事務所には、東京帝大建築科出身の萩一郎や原田俊雄のほか、篠田進、田代守次、宮飼克二、小川正徳といった名古屋高等工業学校建築科の卒業生が入所している。また、後に設楽の婿養子となる、京都大学建築科の第一期生であった貞三（一八九八〜一九八八）も入所している。このことは、大正時代に入って、設楽は関西で建築家としてよく知られるようになっていたことによる。

その後、設楽設計事務所による建築物は多くなる。それは設楽一人でこなせる数ではなく、彼は新進気鋭の建築家を迎え入れていた。設楽はそうした学校出の新しい人材を使うことのできる経営の才能だけでなく、彼の人的ネットワークを活用して仕事をとるマーケターとしても長けていたのではないだろうか。

実際、設楽は大阪を代表する建築の設計に携わるようになっていた。たとえば、大阪堂島にあったウィーン分離派（ゼツェッション）の作風を取り込んだ米穀取引所（明治四三［一九一〇］年）、大阪南区の鰻谷にあった文楽座——近松座——（明治四四［一九一一］年）、通天閣（明治四五［一九一二］年）、大阪難波の楽天地（大正二［一九一三］年）、神戸新開地にあった聚楽館（明治四五［一九一二］年）のほか、民間企業の事務所、たとえば、京都電灯本社屋（明治四五［一九一二］年）などである。いずれも国家的威信を強く意識した建物ではなく、大阪や神戸の民間経済力の興隆を象徴するような建物であった。

神戸大学建築史教室の足立祐司教授は『兵庫大百科事典』でそうした設楽貞雄について「明治後期から大正期にかけて神戸を中心として活躍した建築家。当時一線で活躍する建築家といえば、ほとんど東京帝国大学の出身者で占められていた建築界にあって、工手学校造家学科の第一回卒業生として最も華々しい足跡を残した……（明治—引用者注）四〇年神戸で建築工務所を開設、以後神戸、大阪を中心に、軽妙で大衆性のある作品を数多く手掛けた……」と紹介している。

設楽は、神戸で建築工務所を開いてからの数年間は、山陽鉄道の社長や副社長の自宅——神戸の須磨や舞子——や、日本毛織の本社や工場、大阪堂島米穀取引所、京都電燈会社や神戸電燈会社の本社の設計などに多忙を極めている。それは設楽の山陽鉄道以来の付き合い——ネットワーク——で「お礼奉公」でもあっただろう。

しかし、大阪堂島米穀取引所の設計によって、当時、理事長であった宮崎敬介の知己を得、さらには大阪財界の重鎮であった土居通夫などを知るようになる。設楽がその後、宮崎や土居等が中心となって設立した大阪土地建物株式会社の技術顧問となっていることは、彼が大阪財界のインナーサークルに招き入れられたことにほかならない。また、こうした大阪の財界人は神戸の財界人とも交流があり、設楽は神戸の実業界にも受け入れられていった。

設楽は東京帝大出身者で大阪を中心に活躍した辰野金吾、片岡安、武田五一などとは異なって、実業家の自宅や会社ビルを多く引き受けている。さらに、庶民が気楽に遊べる娯楽施設の新世界の建築計画にも関わっているのである。設楽は、庶民が気楽に上って大阪を一望できた通天閣を設計した翌年に、神戸新開地の聚楽館、さらにその翌年には大阪の千日楽天地の娯楽施設の設計――実際には、設楽建築事務所の所員で、工手学校の後輩の伊達陶次郎が当たったといわれる――にも関わった。

設楽が「軽妙で大衆性のある」建築家でもあったといわれるのは、会社ビルなどよりも、一般庶民にこうした娯楽施設の設計がよく知られていたからであろう。建築家の高岡伸一等も『全大阪モダン建築』で、設楽貞雄設計で現存する長瀬産業ビルを紹介しつつも、設楽のプロフィールを「設楽は何よりもエンターテインメント施設が有名で、新世界・通天閣、千日前楽天地、神戸の新開地などを手掛けた。ある意味では最も大阪らしい建築家といえるだろう。大正半ばには関西で五指に入る事務所となり、作風も新規さが薄れて成熟をみせる」と述べる。

何をもって、設楽を「最も大阪らしい建築家」というのか。設楽が娯楽施設の設計が得意であったからというのであれば、彼は工場、一般企業、住宅などの設計も手掛けている。もっとも、辰野金吾や片岡安等はもっぱら官公庁や銀行といった、ある種権威主義的な建物を設計して、通天閣や楽天地といった娯楽施設の設計には大きな関心を持たなかった。だが、設楽も大阪貯金銀行や兵庫県農工銀行の設計を行っている。ただし、これらの銀行は辰野等が手掛けた銀行と比べればはるかに庶民に近い銀行であって、大衆性が意識される。

この大衆性という点で、設楽を「最も大阪らしい建築家」というなら、大衆性＝大阪らしさということになる。一般に、大衆性とは「その場限りの流行に敏感」であり、ゆえに「飽きっぽい」、「興味中心」、「忘れやすい」ということでもある。設楽は、その場限りの気まぐれで飽きっぽく、興味本位の大阪人を相手にして建築を設計したという意味において、たしかに「大阪らしい建築」に付き合ったといえる。彼は帝大系の小理屈に凝り固まった設計家とはまた異なったある種の「器用さ」と、関西人に共通する「おもしろがる」精神をもっていたに違いない。

他方、建築史家の石田潤一郎は「近代建築思想と関西」で、設楽貞雄と関西という土地風土との関係についてつぎのように手厳しく指摘している（佐野正一・石田潤一郎『聞き書き関西の建築―古き良き時代のサムライたち―』所収）。

「関西において洋風建築が普及しはじめるのは、まさにこの時期（二〇世紀初頭―引用者注）であった。このため、関西は、正統たるべき歴史様式を遵守した大作を持たぬまま、新造形の波及にさらされることとなる。片岡らのすぐあとに、武田五一と設楽貞雄が活動をはじめる。彼らは、あらゆる建築造形をどれも等価のものとしてあつかった。その相対主義は全国的に見てもきわだつ。……しかしながら関西のこうした新しさは、次の新しさを紡ぎ出す力がなかった。片岡と河合は歴史様式の骨格を崩すことをしないま ま、ゼセッションを細部装飾としてのみ用いつづけた。武田はさまざまな建築造形を猟歩しながら、その軌跡は表層の変奏にとどまりがちであった。そして設楽貞雄はたくみな折衷主義者に変わっていくのである。

転換は、むしろ関西の気圏から離れた場所にいた人間によってなされた。一人は村野藤吾。彼は設楽貞雄の潤達な造形を見て、こうした作風が許される大阪を好ましく思ってこの地に就職した。……村野は表現主義と構成主義を血肉化していくことになる。もう一人は安井武雄。……彼の作風は表現主義とも地域主義とも位置づけられる。」

石田は、設楽が帝都東京と比べて権威的かつ絶対主義的な官庁建築が少なく、自由な建築造形が許された相対主義の地であった大阪で設計家として生活したことを重視し、必然、設楽は「たくみな折衷主義者」＝相対主義者になりえたと分析している。それは、官庁建築のもつ権威主義から自由であった設楽貞雄のいろいろな建物をこなせた器用さゆえでもあったのである。

第二章　大阪タワー物語

大阪経済発展小史

大坂は元来、商業都市として発達してきた。豊臣秀吉（一五三六〜九八）は天下号令の場所として大坂を選び、各地の余剰米を大坂にかき集め、その相場を決めさせた。大坂にかき集められたのは米だけでなかった。木綿、材木、肥料に使った干鰯、菜種油などもその対象となった。

その後、秀吉が没し、豊臣政権は崩れた。徳川家康（一五四二〜一六一六）は生地の三河を素通りして、江戸に幕府を開いた。家康はそれまで秀吉が築いた流通システムを新都江戸にそのまま移転することを困難とみたのか、ひきつづき大坂を保護しその流通システムに依存した。消費市場の江戸は大坂という天下の台所によって支えられた。

江戸期においても、大坂は全国各地の物産の集散地であり、米穀はもとより、材木、薪、炭、酒、醤油、塩、油、木蝋、綿や絹、陶磁器や漆器、漢方薬品など、さまざまな物品が大坂に集まったのである。また、大坂には各藩の蔵屋敷があり、商品ごとに問屋や仲間卸も多くあった。瀬戸内海を通して商品が運ばれ、淀川、安治川、大和川などの河川だけではなく運河を利用してさらにさまざまな地域へと運ばれた。

ただし、大坂は物資の流通の場だけであったわけではない。木綿ということでは、河内地方がその産地であった。灯火用に使われた菜種油は、摂津、大和、播州など近畿一円や四国などでも原料となる菜の花が栽培され、六甲山系からの川の流れを利用した水車によって油が絞られた。伊丹や池田、のちに灘五郷の清酒も六甲水系の高品質な水を利用し、丹波などでとれる酒米を水車で精米して作られた。こうした菜種油や清酒は樽に詰められ、大坂や兵庫の港から江戸へと海路送られた。

こうして商業機能において突出した大坂は、後背地にあった農業地帯での換金作物の栽培やその副業的加工を促すことになる。だが、大坂が本格的に工業都市として発展していくのはやはり明治維新以降といってよい。明治維新期の混乱期を経て、大阪に改まった大坂が商業都市から工業都市へと転換を遂げるにはそれなりの苦悩と苦節の経験と、一定の期間を要した。

大阪府の工業生産高についてみれば、大正期には、日本全体のおよそ四分の一を占めるまでに成長し日本を代表する工業地域となった。昭和一〇年代に東京府に追い越されるまで日本一の工業都市であったことは、わたしたちの記憶にとどめておいてよい。

とはいえ、大阪が最初からこのような位置を占めたわけではなかった。明治新政府が首都東京を中心に殖産興業政策を図ったこともあり、大阪は「近代化」のための、いまでいう公共投資の恩恵をあまり受けてはいなかった。そうしたなかで、新政府が首都以外では唯一大阪に設けたのが、明治四［一八七一］年の造幣寮――明治一〇［一八七七］年に造幣局に改称――であった。なお、その前年には砲兵工廠――当初は造兵司、大砲製造所――が大阪に設けられた。

造幣局の立地は、大阪に金属鋳造や化学技術を普及させることになる。当初、造幣局はお雇い外国人を招き、貨幣鋳造に必要な銅の精錬のためのコークス、耐火煉瓦、硫酸、炭酸ソーダ、炭酸ガスの製造も自ら行っていた。このうち、硫酸工場やガス工場などが民間に払い下げられ、大阪の化学工業発展に大きなきっかけを与えることになる。

大阪砲兵工廠は、幕府の長崎製鉄所にあった兵器製造のための工作機械や技術者を引き継ぎ、武器製造に不可欠な鋳造技術や金属加工技術を蓄積し、必要に応じ鉄橋用鋼材や水道用鉄管などを民間業者に提供した。後に砲兵工廠からも技能者たちがスピンオフしていくことになる。当時、基礎的な工学教育などが学校という場で体系的に整備されているわけではなく、大阪などの起業家たちはこうした官営工場で技術や技能を身につけ、のちにスピンオフしたのである。

この意味では、当時の官営工場は、技術者や技術を利用した起業家の実務学校であったといえないこともない。大阪にある百年近い歴史を有する機械・金属系企業の創業者をみると、この大阪砲兵工廠からのスピンオフ組が多い。

だが、そうした機械金属分野よりも、大阪の経済発展にまず大きく寄与することになるのは繊維産業であり、日本の産業革命の起爆剤となった。とりわけ、旧薩摩藩から継承した鹿児島紡績の大阪工場であった堺紡績所（明治二［一八六九］年設立）が経営困難となり、明治一一［一八七八］年に民間に払い下げられた。堺紡績は、後に東洋のマンチェスターと呼ばれる大阪の綿業発展のきっかけとなる。

ついで民間資本による大阪紡績などが設立され、英国から思い切って当時としては高額であった新鋭機を導入し、大規模生産に乗り出し利益を上げ始めた結果、さらに新規参入が促されていった。ちなみに、明治二〇年代初めまでに一万錘規模の生産能力をもつ紡績会社が一二社設立されたが、そのうち七社が大阪に立地していた。

大阪紡績――現東洋紡――の設立については、当初の資本金二五万円、二五〇〇株のうち四〇%近くが前田家、毛利家や蜂須賀家など華族の出資であり、大阪の藤田伝三郎（一八四一～一九一二）や松本重太郎（一八四四～一九一三）など地元の実業家も出資した。大阪紡績は明治一六［一八八三］年七月に操業開始となった。

この大阪紡績の好調に刺激され、明治二〇［一八八七］年には天満紡績、浪華紡績、平野紡績が設立されている。その後、明治二二［一八八九］年に、船場の有力者一一名が資本出資を行い、摂津紡績を設立して木津川尻に工場を建設している。同じ年には泉州紡績も設立されている。紡績業での起業ブームであった。その後も起業ブームは続き、明治二五［一八九二］年には朝日紡績、岸和田紡績、堺紡績、翌年には明治紡績や野田紡績などが設立されていった。

明治半ばには、蒸気機関を利用した綿紡績業は日本でも有数の大規模工場となっていた。工員数三千人を超えていた大阪紡績を筆頭に、ついで千人を超えた浪華紡績、千人前後の摂津紡績や天満紡績が生産を伸ばしていた。当時は、手工業を主としてマニュファクチャー的協業を行っている工場といえども、住友の銅精錬所などを除き概して小規模であったことを考慮に入れれば、まさに巨大工場の誕生であった。

むろん、こうした機械紡績に至るまでに、日本に綿業がなかったわけではなかった。日本で綿作が始まったのは、一五世紀の終わり頃からと推定される。それまでは木綿は中国や朝鮮から輸入されていた。従来の麻にかわる衣服の材料として綿花が使われるようになると、東北などの寒冷地を除いて日本全国に綿作が広がっていくことになる。

木綿は生育に多量の肥料を必要として、育てるのに手間暇がかかる作物であり、一定の投資額も必要である。結果、河内、現在の奈良県を含む大和、阪神間を含む攝津は、伊勢、現在の愛知県の尾張・三河を含む地域と並んで綿花の栽培がきわめて盛んとなっていった。

やがて、これらの地域が日本の綿花の一大供給地となった。畿内では、在来綿業は大坂周辺の農村を中心に発展していた。関東の最大消費地であり東北などへの物流拠点となった江戸へは、畿内で栽培された綿花が大和、摂津の平野、和泉の堺、河内などから集められた。

当時の代表的換金作物としての綿花は、綿繰り器で種の部分と繰綿（くりわた）の部分に分離され、種はさらに絞られて灯火の原料となり、繰綿は綿糸の材料となった。

大坂を中心に、綿繰問屋、綿実や木綿を取り扱う問屋やそれらを加工する職人たちが集積し、半加工・加工された製品が取引された。綿繰は地元だけではなく他地域の農村へと供給され、この繰綿から綿糸を紡ぎ、居坐機で綿織物が織られた。江戸期には、綿繰は米、酒、消費、油、材木、塩といった商品とともに大坂から菱垣廻船で江戸へと運ばれた。陸上交通が未発達であった時代において、海上交通は危険も大きかったが大量輸送の唯一の手段であったのである。

しかしながら、大阪の綿業は明治の開港とともに輸入された綿製品によって転機——大阪だけではなく、播磨の綿業もまたそうであった——を迎えることになった。明治維新後は輸入製品に押され、大阪では河内木綿を生産する戸数が減少した。手紡ぎでは、生産性の点で、機械紡績と競うことが難しかったのである。

こうした状況に対して危機感を抱いた明治政府は、大阪紡績など機械紡績に乗り出した企業へ期待した。

そして、皮肉なことに、外国産の機械紡績による綿糸によって存立を揺さぶられた在来綿業は、今度は輸入代替＝国産化を目指した国内機械紡績によってさらにその存立を困難にされる結果となっていく。

こうして、日本の綿業は綿糸分野での機械紡績が優位を占めることになったが、機械生産とはいえ、若い女性の過酷な労働によって支えられていた。農商務省商工局工務係が、日本の工場労働の過酷な実態を調査して将来の「工場法」立案の基礎資料としてまとめた『職工事情』という報告書がある。その「付録（二）」に、「明治三三［一九〇〇］年八月、大阪の〇〇紡績会社元工女の談話」が紹介されている。たとえば、「何が一番辛いか」という問いかけに対して、この女性は「仕事が辛い……夜の仕事が辛い」と答えている。当時の夜間まで続いた長時間労働の辛さである。東京の紡績女工にも当時の労働条件などを聞いているが、状況は同じようなものであったろう。

こうした、大規模な紡績業から提供された価格・品質ともに優れた綿糸などといえば、大阪経済は大企業経済のようなイメージをもたれるが、現実には、綿織物業の場合、多くの零細企業が低廉な労賃を利用して最終製品に仕上げ、輸出市場で国際競争力を確保していくことになる。綿紡績の中心地大阪といえども、その中心となっていたのは中小零細企業であった。

明治四五［一九一二］年に初代通天閣が完成するころのそうした大阪経済を概観しておくと、綿紡績では日本全体の生産高の三分の一を占め、日本一となっている。綿織物では第一の愛知県に次いで第二位である。第一位ということでは、メリヤス、石鹸、ガラス、煉瓦、工業用薬品、肥料、寒天などが健闘している。このうち、全国シェアが五〇％以上を占めたのはメリヤス、石鹸、ガラスである。マッチは兵庫県―神戸―に次いで第二位である。

明治維新以降、天下の台所といわれた大阪は「多分に前期的・残存的産業と近代的・外来的産業とが融合せず、幾多の矛盾を内包し、……この新旧産業の激しい葛藤そのもの」を経験したものの、明治後半には再び回復を見せた。その理由として、経済学者の武部善人は『大阪産業史—復権への道—』でつぎの六点を指摘する。

(一)「大阪の産業立地が優れていた」こと。

(二)「大阪人の気質が優れていた」こと。——「特に大阪人の不屈の商魂や経済的才覚の優位性は、何百年も前に、当時最も優れた商人を伏見・堺・平野・近江・伊勢等から強制的に、または自主的に導入したことに始まり、明治期にも『大阪へ出て一旗揚げよう』という、進取的で商魂逞しいつわものが各地から集まってきていたことに依存する。」

(三)「五代・渋沢・山辺等、先見あるよき先達に恵まれていた」こと。

(四)「銀行等金融機関及び取引所や各種市場の発達。大阪港・神戸港等の優れた貿易港に恵まれていた。郊外電車等輸送機関が早くから著しく発達していた」こと。

(五)「大阪近郊農村の激しい下降分解に伴う、多くの低賃金労働者が近傍から、しかも比較的容易に得られた」こと。

(六)「大阪の近代産業なかんずく近代工業の発展に、絶大な影響を与えた……堺紡績所、造幣局、陸軍造兵廠(いわゆる大阪砲兵工廠)の三つの官営工場の存在を無視してはならない。とかく大阪産業人は『大阪の産業は東京の産業とちがい、官の世話にならず、独力で日本の大産業に育て上げた……』といいたがる。」

まず、最初の点である。産業立地上の優位性があったから、大阪が発展したのか。大阪が発展したから、産業立地上の地位を確保できたのか。製造業だけではなく、商業やサービス業など消費関連産業の栄枯盛衰は、地域あるいはその後背地の人口動態に関連するものである。

いうまでもなく、経済成長の高い地域には大阪に限らず、人びとは集まったのである。人びとが集まれば、その市場規模を拡大させ、市場規模の拡大がさらに人を引き寄せる。人口規模の増大と市場拡大は密接な関係をもってきた。問題は、大阪が他地域と比べて経済発展のためのアドバンテージをどの程度確保していたかである。

たとえば、人口規模でいえば、一七世紀の寛永年間、京都の人口は四〇万人を超えていたが、大坂は三〇万人にも達していなかった。幕府がおかれるようになった新興都市の江戸は一五万人程度であった。当時、大都市といえば、旧都の京都であったのである。その後、天下の台所といわれる大坂は一大消費都市となり、江戸への物産の一大供給地となり、一八世紀半ばの寛保年間に人口は五〇万人を超えた。

ただし、大坂は面積的には広くはない。その中心は北組、南組、天満組で六二〇町から構成されていた。このような狭い所に、いろいろな商品が諸国から集まったのである。同時期、いまなら観光地のイメージが強いが、昔はモノづくりの寺町でもあった京都も五〇万人を超えていた。他方、江戸は四五万人ほどと推計されている。ただし、幕末には江戸は百万都市となっていたろう。

その後、明治維新にかけての混乱――株仲間の解散、蔵屋敷の廃止、御用金の未払い、藩債処分など――で、大坂や京都は人口減を経験する。その一方で東京と改められた江戸は、開港した横浜とともに人口を急速に拡大させていった。

しかし、大阪は、最初の産業立地上の優位点、すなわち、京都や神戸という後背地をもっていたのである。やがて、神戸の開港ともに人口増加に転じたことで、大阪も神戸もともにかつての経済的地位を取り戻していくことになる。大阪と神戸というかつての摂津の国の貿易港が開港後にも大きな力となったのである。

では、人口が増加することで消費市場が拡大すれば、人びとの気質に関係なく、地域経済は発展するのだろうか。また、「大阪人の気質」は単に武部のいうように「進取的で商魂逞しい」ということだけなのだろうか。作家の阿部牧郎は五代友厚（一八三六～八五）を描いた小説『大阪をつくった男―五代友厚の生涯―』で、大阪で多くの会社設立に関わり、堂島米会所、大阪株式取引所設立の中心人物となり、大阪商法会議所――のちの大阪商工会議所――の初代会頭を務めた五代に、大阪人についてつぎのように語らせている。

「勘定高くはあるが、大阪の男たちは陰険ではない。成功した人物にすなおに敬愛の念を寄せる。平気で他人をだまし、利用するが、それをされるほうがアホやと思っている。のしあがるためにはなにをやっても良いのである。そのくせ先を読む力などはあまりなく、ただせかせかと動き回っている。『ま、金は天下のまわり物や。そのうちわしにもボロ儲けの風が吹くやろ』と楽観している者が多かった。働き者がともかく多い。代々の家禄にすがり、なにも生産せずに威張っていた武士がごく少なかった街の気風というものだろう。」

武部のいう「商魂逞しい」は阿倍のいう「勘定高い」ということになろう。しかし、「進取的」とは「のしあがるためにはなにをやっても良いのである。そのくせ先を読む力などはあまりなく、ただせかせかと動き回っている」ということにはならないだろう。ただ、「なんでもやってみるという」と身軽な精神が大阪人の気質の一端であるようにも思える。それは大坂という土地が江戸幕府の直轄領とはいえ、幕府から派遣されている武士はほんの少数であり、それに大坂在住のいわゆる地侍など武士の数もわずかであったからであろう。

大坂は町人の街であった。同じ関西でも、大坂の雰囲気は京都のような公家的な階級社会とも全く異なっていた。必然、大坂人は江戸のような権力観（感）をもたず、「こうでなければならない」という封建的秩序観にも疎かった。すこし悪くいえば、それは大坂人の柄の悪さであり、すこし良くいえば、「なんでもやってみる」という心の身軽さであった。大坂では、なんでもやってみることが評価され、そうして成功した人物にはすなおに敬愛の念を寄せる。それが、大坂人気質であったように、わたしには思える。

この気質の点は、先述の武部の五番目に掲げた要因とも大いに関係するのではないだろうか。既述のように、大坂は徳川幕府の天領であったものの、武士の数はほんのわずかであり、幕府の威光を直接感じることはそう多くなかった。つまり、「代々の家禄にすがり、なにも生産せずに威張っていた武士がごく少なかった」のである。このことは、逆にいまに至るまで東京への反骨心を生んだが、同時に、「大阪の産業は東京の産業とちがい、官の世話にならず、独力で日本の大産業に育て上げた」というすこし斜に構えたような自負心を生んだともいえる。

ただし、この種の議論は、どのような産業を事例にとるかによって必ずしも同じ結論にはならないものである。なんでもかんでも、大阪では民間活力によって産業が興ったわけではない。とりわけ、近代工業などそれまで大阪になかったような分野では、やはり官の影響が大きかったのである。大阪の場合、大阪砲兵工廠の存在と役割は決して無視できるものではない。

たとえば、陸軍士官学校を経て砲兵士官となり、大阪砲兵工廠で薬莢製造に携わった松井常三郎（一八七四〜一九四二）は、予備役退官後に大阪伸銅株式会社を起こしている。同社はのちに東洋鑢伸銅株式会社と合併し、大阪の鋳造工業の重要な一角を形成していく。

この松井の下にいた山田晁（一八八四〜一九七三）は、冷凍機メーカーとしてスタートした大阪金属工業所——のちの大阪金属工業株式会社、現在のダイキン——を創業している。山田は小倉工業学校の卒業生で、のちに大阪砲兵工廠薬莢工具工場の工場長を務め、神戸製鋼、松井の東洋鑢伸銅を経て、大阪金属工業で中島飛行の放熱管などを製造する。この山田の下には大阪砲兵工廠の職長などが集まっている。山田等は大阪砲兵工廠で身につけた当時のハイテク技術を活かして内燃機関、精密機械や航空機部品などを製造した。やがて、山田等はそうした軍需品だけではなく、電車用の冷房機器や艦船用の空調設備の分野にも進出していった。

ここらあたりで通天閣を建てる頃の大阪経済を、全国的な視点からみておく必要がある。このころには、東京を中心とする関東経済圏、愛知県を中心とする中京経済圏、大阪を中心とする関西経済圏の原型がすでに形成されつつあった。

東京についてみれば、機械金属分野では東京砲兵工廠や神奈川県の横須賀海軍工廠、民間企業としては石川造船所や芝浦製作所が発展しつつあったが、いまだに繊維など軽工業部門中心の産業構造であった。綿紡績では鐘紡紡績、東京紡績、富士紡績、モスリンでは東京モスリン紡績、松井モスリンがあった。軍服などの生地を製造していた千住製絨所もあった。

中京圏では、愛知県の生糸や三重紡績の愛知工場などの織物、三重県の製茶や織物のほか、隣県の静岡県の製茶や長野県の生糸などが伸びていた。生糸と製茶は日本の主要輸出商品であった。静岡県の茶については、清水港から外国人貿易商のいる横浜に積み出され、そこで製茶されていた。やがて、横浜と静岡に鉄道が引かれると、原料地である静岡で製茶されるようになっていく。現在、中部地域は輸送機器を中心とする工業都市であるが、当時は繊維を中心とする軽工業分野が大きな位置を占めていたのである。

そして、大阪もまた、大阪鉄工所――のちの日立造船所――の安治川工場や桜島工場といった造船を中心とする機械金属系産業も発展しつつあったが、隣の尼崎にある尼崎紡績の工場も入れると大阪には主な紡績工場だけでも一〇近くあり、日本の紡績の中心地となりつつあった。一方、関西以西の四国や中国地域はいまだ農業が主であり、九州あたりでは福岡県や佐賀県で北海道と並んで石炭産業が興隆していたぐらいであった。

このようにしてみると、大阪などを典型として、日本の産業は紡績業などを中心に機械制工業が発達し、一方で、鉄道や港湾など産業基盤インフラの整備が進み、明治後半には機械制工場へ資本財や中間財を提供できる機械金属工業、製鉄業――官営八幡製鉄所――が発達してきた。そうした先進工場からのスピンオフによる起業家層も主要地域では形成され始めた。

とはいえ、当時の日本経済はいまだ農業を基盤としたものであり、農工間の格差は依然として大きかった。紡績業など中間財部門で大規模経営が成立する一方で、大衆消費市場に直結する加工部門は低賃金の手工業的作業に依存し機械化への対応は遅れた。工場数や労働者数では依然として家内工業的な部門の比重が高く、日本の工業は資本財の輸入に依存していた。そして、小規模工場に動力化の波が押し寄せるのは大正期に入ってからであった。

これまで述べたように、大阪経済の歴史は工業都市への発展史であることは間違いない。と同時に、大阪経済の歴史はまず政治都市化した東京とは異なり、世界を相手にした商業都市への脱皮史でもあった。ここで、大阪を中心に発展していった商社についてふれておかねばならない。

明治以降、それまでの株仲間が解散させられ、新たに綿製品などを扱う商社が生まれ始めた。現在のわが国を代表する商社で、このころの創業に連なるのはいわゆる「関西五綿」や「船場八社」である。これらはいずれも大阪が綿業の中心であったことに関係して生まれた商社である。関西五綿は日綿、東綿、伊藤忠、丸紅、江商を指す。船場八社は又一、豊島、竹中、田附、竹村、岩田、八木、丸永である。

日綿や東綿は会社名に「綿」があることからもわかるように、綿花を扱った商社をルーツにもつ。当時、綿花の輸入はすでに上海などに足場をもつ外国商人が行っており、日本の商人が直接貿易に乗り出すことで外国商人に握られた貿易を取り戻そうというナショナリズムがあった。大阪綿商社や内外綿などはそうした背景において生まれた。経営史家の作道洋太郎は『関西企業経営史の研究』で、これらの商社の設立には「大阪商人の総力が結集しようという動きが認められる」として、内外綿についてつぎのように当時の状況を紹介している。

「内外綿創設当時の業務は、内外国産の繰綿・実綿・細工綿の売買、その委託販売、綿花を抵当とした為替貸付、綿繰工場の経営など、開業翌年の二一［一八八八］年には紡績連合会から中国綿の買入一手取扱いの依頼を受け、さらに紡績会社との間には内外国産の綿花一手売込みの契約を締結することができた。同二一年には名古屋に支店を開設し、さらに神戸・横浜の二大貿易港にも出張所を設け、ついで二三［一八九〇］年には上海にも出張所を設置するなど、その業務は拡張された。

当時、外国綿は中国綿によっていたが、中国綿には生産事業の不安定性、それに伴う価格変動が激しく、原綿事業が悪化してきたので、紡績連合会では明治二二年からインド綿に直目し、調査団をインドに派遣した。二四年にはボンベイのタタ商会が神戸に支店を開設し、インド綿の輸入を開始した。この時、内外綿ではタタ商会とインド綿の一手販売契約を締結した。」

内外綿による外国綿の直接輸入は、綿貿易のビジネスモデルを示した。明治二五［一八九二］年には、大阪の商人だけではなく、摂津紡績、平野紡績、天満紡績、尼崎紡績などの生産者など二五人が設立に参加して、日本綿花——日綿——が生まれている。紡績業者は日本の商人が直接、原綿の輸入に乗り出すことで外国商人の独占的輸入によってそれまで割高であった原綿コストの引き下げを期待したのである。

日綿の社長には、農商務官僚出身でインド視察の経験があった佐野常樹が就任している。これは外国との交渉などを強く意識した人事であったろう。役員には紡績業者も名を連ねている。日綿は重要拠点であった上海とボンベイに駐在事務所を置き、欧州諸国や米国の貿易商とも輸入契約を結び、輸入業を拡大させていった。

その他、近江出身の商人の設立による江商は、まず横浜で明治二四［一八九一］年に輸入綿糸業からスタートし、明治三一［一八九八］年に神戸に移転し、大阪には明治三八［一九〇五］年に進出してきている。ちなみに、江商の本社ビルは設楽建築事務所の設計になる。東綿は三井物産の綿花部から大正九［一九二〇］年に独立した商社である。

伊藤忠と丸紅は、滋賀の近江商人にルーツをもつ伊藤忠兵衛（一八四七〜一九〇三）によって創業された。忠兵衛は兄の長兵衛とともに近江麻布の行商をはじめ、やがて大阪に出て呉服店を開いた。丸紅はそのときの屋号「紅忠」から来ている。伊藤忠はいうまでもなく伊藤忠兵衛に由来し、伊藤糸店から始まった。明治の半ばころには、伊藤忠兵衛は大阪だけではなく神戸にも事務所を開設して、綿糸貿易に本格的に乗り出していくことになる。同様に綿糸商出身ということであれば、船場八社のうち豊島、竹中、田附、竹村、岩田、八木がそうである。

このようにしてみると、大阪の綿業は製販相俟っての発展であったことがわかる。また、そうした商社の創業者の一定数が近江商人であったこと、多くの商社が江戸期に、呉服店、両替商、料亭、船宿などを中心に形成された船場地域に立地していたこともわたしたちの興味を引く。

さて、大阪で育った商社ということであれば、関西五綿だけではなく、岩井勝次郎（一八六三〜一九三五）の岩井商店や安宅弥吉（一八七三〜一九四九）の安宅商会がある。岩井は明治二九［一八九六］年に、養父が幕末に開いた引取商から独立して岩井商店を開業し、居留地の商館から外国商品を仕入れるのではなく、英国商人などと直接取引を始めている。また、岩井は明治後半から、メリヤス工場、設楽貞雄も設計に関わることになる日本セルロイド人造絹糸、日本曹達工業、関西ペイント工業所など工業分野に積極的に進出している。背景には、こうした工場で使用される原材料の輸入だけでなく、加工製品の販売という岩井の狙いがあった。また、従来の輸入品の国産化への岩井の強い願いもあったともいわれる。

他方、関西五綿との比較で鉄工の安宅とのちに呼ばれることになる安宅商会であるが、創業者の安宅弥吉は、当初、毛糸、毛織物など繊維製品からさまざまな工業製品まで輸入を行っている。安宅は当初、金属では、元来、鉄というよりも鉛、亜鉛、錫、銅など非鉄金属の比重が高かった。鉄鋼の安宅とよばれるようになったのは、安宅が八幡製鉄所の指定商となってからである。

日本の悲願であった鉄鋼自給の役割を担った八幡製鉄所であるが、当初は技術的な問題も多く、鉄鋼の安定的な供給体制はなかなか確立されなかった。当時、八幡製鉄所の鉄鋼製品は、東京では三井組を中心とする問屋を、大阪では大倉組を中心とする問屋を通じて販売された。岩井や安宅は大倉組のグループに加わっていた。

神戸市立博物館には明治四〇年代に神戸で実際に使われていたレールが展示されているが、それらは米国から輸入されていたことがわかる。たとえば、兵庫電気鉄道（現山陽電鉄）の明治四三［一九一〇］年の軌道（レール）は「（米国）カーネギー社製・一九〇八年ET六〇」という刻印がある。阪神電鉄の明治三八［一九〇五］年の軌道（レール）にも「（米国）カーネギー社製・一九〇三ET・HDTK」の刻印がある。

ちなみに、日本の鉄道はもっぱら英国からの技術移転によって支えられていた。あとでもふれるが、日本で蒸気機関車が初めて国産化されたのは神戸の工場であり、その設計と技術指導は英国人によった。レールの国産化は八幡製鉄所で明治三四［一九〇一］年から始まったが、その後もカーネギー製レールが輸入されているところをみると、その生産量や品質は明治後半になっても十分でなかったといえよう。つまり、明治後半になっても、日本の鉄鋼自給率はまだまだ低く、米国をはじめとして英国やドイツからもかなりの量が輸入されていたのである。

安宅についてみれば、欧米諸国からブリキ板、薄板、針金や釘、棒鋼、型鋼、厚板などの鉄鋼製品を輸入していた。このことが八幡製鉄所の指定商となるきっかけとなった。また、関東大震災直後の鉄鋼製品輸入に大きな貢献をしたことも、認められた理由の一つであったろう。関東大震災後の八幡製鉄所との取引高としては、神戸の鈴木商店がトップで、ついで三井や三菱という老舗商社、そこに先にみた岩井商店や安宅が食い込んでいる。その後、鈴木商店が倒産したことで、鈴木商店の取扱高が他の四社に配分され、三井が筆頭となったものの、新興の岩井や安宅の取扱高も増加した。

やがて、昭和恐慌下の鉄鋼需要低迷のなかで、三井や三菱は翼下の製鉄所からの買い入れを増加せざるを得なくなったため、岩井と安宅がその後の鉄鋼商社といわれる基礎固めをすることになる。

天に通じるタワー

明治四五［一九一二］年に建設された初代通天閣は、そうした大阪の経済的興隆を告げるシンボルでもあった。通天閣が建てられた地は大阪の新名所となった新世界であった。新世界の天王寺周辺はその九年ほどまえに開催された第五回内国勧業博覧会の会場となるまで何もなかったようなところである。その後、大阪市電や阪堺鉄道が開通して、ようやく人が集まることができるインフラが整備され、博覧会の東側跡地には天王寺公園——動物園ができるのは大正四［一九一五］年である——がつくられた。

西側の跡地は、大阪米穀取引所理事長であった宮崎敬介（一八六七〜一九二八）等が中心となって大阪土地建物株式会社を設立して、利用に取り組んでいる。同社は遊園地、劇場、映画館、飲食店などを中心とする娯楽施設を開設し、ルナパークと名付けている。その象徴的な建物として通天閣が建てられたのである。

このルナパーク——月の公園——は、当時、米国ニューヨーク州のコニーアイランドにあった大衆向けの遊園地を模倣したものである。伸びつつあった新興の米国ニューヨークをイメージさせるネーミングであった。同じような時期に、東京浅草にもルナパークが開園しているが、失火で全焼した。

設楽が、新時代を感じさせる新世界ルナパークの個々の建物だけではなく、全体の設計プランを手掛けている。そのコンセプトは、後世のわたしたちからみれば、たしかにパリの風情あり、ニューヨークのきらびやかな光景ありで、なんでもありの新しい世界――欧風の街並み――にはちがいない。設楽自身に欧米視察の経験はこの時点ではなく、おそらく写真集などから想像たくましくイメージを描いたに違いない。

そのなかでも、象徴的な建物がパリの凱旋門にエッフェル塔を乗せたような通天閣であった。通天閣の反対側にはホワイトタワーが建てられた。この塔の周りには池がつくられ、水が回遊している。欧州の城壁の上に建てられた尖塔のような建物である。このホワイトタワーと通天閣はロープウェイで結ばれた。通天閣の眼下にはいろいろな建物があった。イスラム寺院風の建物あり、ルネッサンス風の建物ありである。いまでいえば、大阪に開園したユニバーサルスタジオ・ジャパンのような感じである。

大正九［一九二〇］年に、通天閣には電飾看板が掲げられることになる。この工事には、当時、大阪電灯に入ったばかりの新米配線工であった松下幸之助（一八九四～一九八九）も関わっている。電飾看板が通天閣に灯った翌年、大阪の工業生産高が日本一となった。

こうした大阪の発展は、港湾都市としての神戸の興隆を生み出していく。とはいえ、大阪もまた港湾としてそれなりの位置を占めていた。明治後半には、大阪は輸出額では横浜、神戸についで第三位、輸入でも神戸、横浜についで第三位であった。

大正三［一九一四］年に勃発した第一次大戦は欧州大陸を戦場とした総力戦であり、結果、英国などによるアジア市場への綿織物の輸出は困難となった。これに代わって躍進を遂げたのは大阪を中心に生産された綿織物であり、とりわけ中国向けが大きく伸びることになった。中国などのアジア市場への伸張は、綿織物だけではなく、綿糸から加工されたタオルやメリヤスの業界の活況化も促した。大阪は「東洋のマンチェスター」への途を歩むことになる。

と同時に、この時期あたりから、大阪が繊維業の中心地から脱皮しつつあったことにも注目しておく必要がある。すなわち、機械金属加工分野の拡大である。元々、大阪の住友家は江戸期に伊予の別子銅山の開発を行い、日本における精銅（銅吹き）業のパイオニアとなってきた。住友は、明治三〇［一八九七］年に住友伸銅場――のちの住友軽金属――を大阪に設立し、伸銅業――アルミ加工も行っていたが――を創始した。大正期には、住友はこの事業を拡大させている。ほかにも大阪伸銅所などが創業されている。

また、明治三二［一八九九］年に大阪で設立された日本鋳鋼所――平炉――が経営に行き詰まり、明治後半に住友が同工場を買収し住友鋳鋼所と改め大阪の島屋地区に移転させていたが、大正期の需要の急速な拡大でようやく経営が安定するようになった。昭和一〇［一九三五］年に、住友鋳鋼所は日本鋳鋼所を引き継いだ住友製鋼所と合併して、住友金属工業が誕生している。

こうした機械工業など重工業分野についても、欧州諸国からの輸入が困難となり、モーター、発動機、工作機械、繊維機械などの国産化の試みが本格化していくことになる。

従来の紡績業といったいわゆる軽工業部門から重工業部門への転換は、とくに大正期において進展し始めている。岩井商店や鈴木商店についてみると、十大輸入製品の代替的国産化を強く意識して重工業部門への投資を強めている。従来輸入に頼っていた亜鉛メッキ製品については、岩井は大正二［一九一三］年に大阪で亜鉛鍍金株式会社――翌年大阪鉄板製造株式会社に改称――の経営に加わっている。その後も、岩井は同社の従来の製品分野の拡大を支えつつ、化学・染料や鋳物分野の企業への投資を拡大させていった。

経営史家の作道洋太郎は岩井商店や次節で取り上げる鈴木商店が関西経済の重工業化に果たした役割と彼らの精神についてつぎのように指摘する。

「岩井商店においても、また鈴木商店の場合にも、貿易商社としての経営基盤の拡大とならんで、先進工業国から最新の技術を導入し、外国製品の国産化を企てるなど、単なる取次式の商社機能から進んで、工業会社のオルガナイザーとしての機能をあわせ持つようになった。その場合、岩井勝次郎にも、また金子直吉にも、舶来品の国産化によって『国益』の増進をはかるという思想が同じようにつらぬかれた。」しかし、それは政商的系譜をもつ先発商社や政治都市東京の企業家たちの「上から」の「国益」精神とは異なり、しっかりとソロバンをはじいた上での大阪商人らしい合理性の上に築かれた、堅実な「下から」のしたたかな「国益」精神でもあった、とわたしには思える。

こうした大阪などの経済発展は起業家や企業家の富の蓄積を促し、事業家の事務所や住宅の建設需要を高め、建築家を関西地域に引き寄せた。彼らは明治後半から昭和初期にかけて阪神間に多くの建物を設計した。大正一二［一九二三］年の関東大震災によって大きな被害を被った東京やその郊外とは対照的に、大阪や神戸の近郊に西洋風の建物が建設された。

それらの建築物は、初代通天閣の俗物的で大衆化されたシンボルタワーとは大きく異なり、贅を尽くした洗練されたものであり、いわゆる「阪神間モダニズム」の時代の到来を告げていた。もっとも、個人住宅需要についてみれば、事業家だけではなく、大阪や神戸の企業で働くようになったサラリーマン層の存在もあった。そして、さらに阪神間の住宅開発を促進したのは、郊外型高速鉄道の登場である。

大阪と神戸を結ぶ鉄道は、明治七［一八七四］年に始まり、約三年後には京都まで延長されている。神戸・大阪・京都は明治の早い時期にすでに鉄道で結ばれていた。東京新橋・神戸間の東海道本線の開通は明治二二［一八八九］年であった。これら国鉄のほかに、大阪と京都を結ぶ鉄道は、京阪電気鉄道が用地買収や鉄道敷設ルート変更などの紆余曲折もあって構想から七年余りをかけ、明治四三［一九一〇］年に開通した。

他方、大阪・南部間の鉄道は、明治一七［一八八四］年に大阪と堺を結んだ阪堺鉄道——のちの南海電車——が、藤田伝三郎（一八四一～一九一二）や松本重太郎（一八四四～一九一三）等に設立され、翌年開通している。阪堺鉄道については、藤田伝三郎の甥にあたる久原庄三郎（一八六九～一九六五）——藤田組を経て日立製作所などを創業——なども出資を行っている。松本が阪堺鉄道の初代社長となっている。

この後も大阪を中心とする鉄道ブームは続き、大阪と神戸を結んだ阪神電気鉄道が明治三八［一九〇五］年に開業し、その五年後には箕面有馬鉄道、大正一〇［一九二一］年には阪神急行鉄道の神戸線が開通した。こうして明治末までに、大阪を起点とする近畿の鉄道交通網は整備されていったのである。

また、藤田は神戸と姫路を結ぶ山陽鉄道の設立にも加わっている。山陽鉄道が下関まで延長され全線開通したのは明治三四［一九〇一］年であった。藤田は同社の取締役として経営にあたっている。ちなみに、設楽は神戸・下関間が開通した年の前年に設計係として山陽鉄道に入社している。

阪堺鉄道の設立に大きな役割を果たした長州の萩出身の藤田伝三郎は、初期の大阪経済の振興に深くかかわった五代友厚の後に、大阪商法会議所の第二代目会頭を務めた人物である。藤田は、大阪紡績で蒸気機関や二四時間操業体制の導入、秋田県の小坂鉱山の開発、児島湾の干拓事業などにも力を尽くし、土建請負業の藤田組を起こしている。ちなみに、松本重太郎が、大阪紡績の初代経営者となった藤田の後を継いで同社の第二代目経営者となっている。

松本は京都丹後の出身で、京都の呉服商の丁稚を経て大阪天満の当時の有力問屋であった呉服商綿屋で十数年働いた後、神戸と大阪が開港した年に洋反物の取扱商——最初は行商——として独立している。重太郎の事業が、大きく伸びることになるのは西南戦争のときに軍用羅紗の思惑買いで巨利を得た時期からであった。重太郎はこの資金で百三十銀行を設立し、その後銀行家として、大阪のさまざまな分野への関心を抱き、やがて五代や藤田と交わっていくことになる。しかしながら、松本は百三十銀行が放漫な貸付によって行き詰まり引退したことで、大阪の人たちからも忘れ去れた実業家となった。

経営史家の宮本又郎は『企業家たちの挑戦』で、重太郎が百三十銀行を自らが関係する事業の金融機関として私物化したところにその行き詰まりの根本原因を求め、関連事業を「自分自身や親しいものだけで経営しようとしたところに弱点があった。……松本は真の意味での『大阪の渋沢』になりえなかった」としつつも、つぎのような評価を下している。

「しかしながら、松本重太郎の果敢な企業者活動の意義は忘却されるべきではない。大阪紡績（現在の東洋紡績）、阪堺鉄道（現在の南海鉄道）、山陽鉄道（現在のJR西日本）、日本火災保険（現在の日本火災海上）、大阪麦酒（現在のアサヒビール）など、彼がつくった企業はいまなお活躍を続けている。また、百三十銀行を通じて行った融資によって発展の礎を築いた企業も少なくない。その意味で、松本重太郎はベンチャー・ビジネスのエンジェルでもあったのである。」

他方、経営史家の作道洋太郎は『関西企業経営史の研究』で、松本重太郎と親しかった藤田伝三郎が大阪経済の振興に果たした役割について、五代友厚の協力者と位置づけ、つぎのように評価している。

「五代に協力し、近代大坂の黎明期において、沈滞した大阪経済の復権に尽力し、商業仲間の再編成、流通組織の近代化、金融機関の整備、鉄道の敷設と大阪市場の活性化、実業教育の振興などに残した功績はすこぶる大きい。」

薩摩藩出身の五代友厚や長州藩出身の藤田伝三郎に限らず、彼らが大阪とは別の土地で活動していたらどうであったろうか。大阪出身でないとはいえ、大阪でこそ彼らがなし得たことは多かったのではないだろうか。大阪がもった土地柄のなかでこそ、彼らの精神が花開いたところもあったのではないだろうか。

むろん、彼らとて政治都市東京で活躍する薩摩藩や長州藩出身の政治家とのつながりもあり、時にそれらを活用していた。しかし、大阪という商人的合理精神が育った土地で花開くには、彼らもまた近代的合理精神がつらぬかれる事業構想を大阪に持ち込む必要があったのである。その意味では、上からの近代化都市としての大阪の発展ではなく、もう一つの近代化というかたちを大阪に実現しようという試みが彼らのなかにあったことは確かであったろう。

よく考えてみれば、五代にしても、藤田にしても大阪生まれの大阪育ちではなく、外から大阪へとやってきて大阪の経済や産業の発展に寄与した人たちである。これは大阪という経済風土が外部の人たちに開かれた土地柄だったことを示唆している。

このことは同時に、大阪はそのような革新的な経済人や起業家精神をもった人たちが生まれにくい土地柄でもあったことも示しているのかもしれない。大阪船場生まれの劇作家の香村菊雄は「船場栄枯盛衰」（神戸新聞出版センター編『大阪慕情船場ものがたり』所収）で、徳川幕府の保護の下で栄えてきた大阪商人が明治維新以後解体され、その経済的地位が一瞬にして陥没したなかで、「不死鳥のように生き残った大町人は、銅吹つまり製銅という生産工業にたずさわっていた住友と、手堅い鴻池と、ほか数家のみであった。……大町人の没落は、大町人と一心同体の関係にあった、中小町人をも自然巻き添えにした」と述べたうえで、そのなかで、大阪の窮状を救ったのは「近畿諸国だけでなく、遠く奥州や九州まで天秤棒をかついで行商にまわっていた」近江商人など大阪外部の人たちであったと指摘する。

しかしながら、そうした「進取の気性に富む」近江商人に対して、船場の商人たちは心のなかでは侮蔑していたと香村は指摘する。たしかに、行商によって日本各地を回っていた彼らは「旧来の大阪式商業資本が壊滅し、遠からず新しい経済体制に移行するであろうことを、感じていた」のである。近江商人は伊藤忠兵衛などに代表されるように、とりわけ、新しい産業や新しく開けた中国市場の開拓にも実に熱心であった。他方、船場商人は新しいことに必ずしも積極的であったわけではなかった。香村はつぎのように指摘する。

「薩摩の五代友厚が……荒廃した大阪の経済復興を念願し、『われ大阪の土とならん』という覚悟で大阪へやってきて産業経済の苗木を植えつけている時にも、新しい事業に手を染めることを先祖伝来の禁制としている船場商人は、その啓蒙的な指導も馬の耳に念仏であった。そして、雪崩のように崩壊してゆくこの激動になすすべもなく、ただあれよあれよと手をこまぬいて、放心しているだけであった。それに対して、近江商人の、底力のある世直しの覇気は燃え上がっていた。」

その後、船場は伊藤忠や丸紅などの関西五綿や船場八社という、繊維を中心にした新しい時代の問屋＝商社が立地する場として有名になるが、近江商人の活躍なくしてはその後の発展はまたかたちの異なったものとなっていたであろう。

また、香村は大阪で旧来の商業資本が衰退するなかで、例外的に住友と鴻池が生き残った理由を述べている。住友の場合は、混乱期を乗り切った大番頭の広瀬宰平（一八二八〜一九一四）やそのあとを継いだ伊庭貞剛（一八四七〜一九二六）の存在が大きかったという。彼らが掲げた「自らを利し、他を利す」という住友の精神が住友を存続させたという。いまでいえば、企業の存立の根本精神であるミッションやビジョンがしっかりしていたということになろうか。香村は判事から住友へ移り、総理事として経営のかじ取りをした伊庭貞剛が五八歳で引退したときの言葉をつぎのように引用している。紹介しておこう。

「あくまでも現実を重んじるが、現実にはとらわれず、常に理想を望んで、現実よりも一歩先んじるがよろしい。」

「老人は、少壮者の邪魔をしないようにすることがいちばん必要だ。事業の進歩発展を害するものは、青年の過失ではなくて、老人がのさばることである。」

香村は「何気ない言いまわしのなかに、事業家の本質をついた言葉だと思う。古い船場の商人の方針とは全く異なる新鮮さである」とコメントしているが、いまなお古さを感じさせない住友の精神である。

他方、鴻池である。摂津伊丹の鴻池村あたりにルーツをもつ鴻池家は、伊丹の酒の行商からやがて清酒醸造業と清酒の江戸向海運業、さらには両替商などで大きく伸びた。鴻池家は分家や別家へと枝分れして、幕末には大阪を代表する存在となっていた。しかし、通天閣の建設に大きな役割を果たした土居通夫を迎え入れることがなければ、鴻池のその後はどうであったろうか。

香村は船場の保守的風土は外部の人の参入を得てはじめて再生できたと主張している。ただし、野村徳七（一八五〇～一九〇七）については、船場商人のなかにあって、証券業を始め、国債を引き受けるなど新しいことに果敢に挑戦し、「店員に高商や大学卒業生を採用するなど、商人には学問は要らぬ、実地勉強やという従来の船場商人には、思いもよらぬ革新をやった」と評価している。

さらに、香村は大阪商人の公共意識の高さにもふれている。大阪商人の金もうけ主義的イメージとは大きく異なる評価である。香村はいう。

「大阪の商人たちは、自分が積み立てた利益を、社会に還元することを忘れなかった。……為政者に膝を屈したり、為政者に頼ることをしたがらない大阪の人間の、当然の責務だと思っていたのだ。大阪の人間は昔から為政者が嫌いなのである。いや、豊臣を滅ぼした徳川が、江戸がきらいなのである。……要するに家康→徳川幕府→東京政府→政治家とつらなるイメージがあるのであろう。だから生え抜きの大阪商人は、江戸商人のように、幕府と結託した政商になれなかった。いや、ならなかった。諸国諸大名に頭を下げさせて大名貸はやったが、こちから頭を下げてその力にすがることをしなかった。」

このいわば反骨精神が大阪人の健全な精神なのであるが、それが度を越したへそ曲がり――意固地――である場合は、その有害さも相当なものとなる、と少なくともわたしは思う。逆に、それが自分たちが社会に貢献する、いまでいう社会的貢献意識につながる場合は、称賛すべきものである。香村はこの方面での大阪人の社会的貢献の事例を挙げている。とくに、病院と学校への寄付についてである。

たとえば、広島県尾道出身で、船場で洋反物商となった山口玄洞（一八六三～一九三七）は山口厚生病院へ、田附政治郎は北野病院へ、大阪生まれでメリヤス商で財を為した嘉門長蔵（一八五二～一九三五）は済生会中津病院へ、絵具商から綿花貿易業者となった山田市郎兵衛（一八五二～一九二八）は済生会医大、大阪府立女子専門学校や帝塚山学院などへ、鉄商の岸本吉左衛門は大阪市民病院へ、古鉄銅商から身を起こした山本藤助は帝塚山学院高等女学校や大阪貿易学校へ、東洋紡績の役員であった岡常夫は綿業界へ、海運業者の未亡人の林蝶子は大阪外国語学校へ、先に紹介した野村徳七は大阪医大や大阪高等商業学校などへ、多額の寄付をしている。

さて、話を冒頭の通天閣にもどすと、そうした反骨精神たくましい大阪の建物群は、帝都に相応しい権威づけが施された東京の建築物とは異なり、時に俗物的であり、時に猥雑な庶民的エネルギーが溢れた、すこし口悪くいえば、均衡の取れていないようなデザイン――庶民が考える西洋的といってもよい――が多かったような気がする。初代通天閣を俗物的といったのは、そのデザインがパリの凱旋門にエッフェル塔を乗せたようで余りにも即物的なものであったからであった。

それは設計者の設楽貞雄の趣味というよりも、発注側にいた土居通夫あたりが内国勧業博覧会を誘致するためにパリなど欧州主要都市を視察した「成果」であったと考えられなくもない。

設楽は凱旋門やエッフェル塔の写真を見てその存在を知ってはいただろうが、彼自身が米国や欧州諸国を実際に訪れることができたのは大正元［一九一二］年に五か月間ほどであった。通天閣を設計した明治の後半時期には、そのような機会に恵まれてはいなかった。設楽自身が欧州などの建築物に接した経験は、神戸の新開地などに建てた神戸タワーや聚楽館などに生かされたことだろう。

設楽の「洋行」の時期には、設楽設計事務所は、南海電鉄系列で会社設立間もない千日土地建物株式会社から発注を受けて、漫才などの演芸、演劇や映画などの劇場を組み込み、地下にはローラースケート、メリーゴーランドや水族館まである、いまでいう娯楽複合施設のはしりの楽天地の建物を難波新地に手掛けていた。

楽天地は、施工が松村組、大正二［一九一三］年一〇月起工、翌年七月竣工の四階建て、地下一階の鉄筋コンクリート、一部木造の建物であった。階上には円形ドーム型の四層の展望台があり、夜はイルミネーションで装飾された。実際の設計は、工手学校の後輩にあたり、設楽設計事務所に入った伊藤陶二郎（一八七九～一九一八）が基本的なアイデアを出したといわれている。

イルミネーションといえば、先に初代通天閣の電飾に大阪電灯に入ったばかりの新米配線工であった松下幸之助も関わっていたと述べたが、第二次大戦後、戦前の「紡績王国の大阪」を「家電王国の大阪」へと転換させたこの人物については、取り上げておく必要がある。

和歌山生まれの松下幸之助が、九歳そこそこで大阪へ丁稚としてやってきたのは明治三七［一九〇四］年のころであった。より正確には、やってきたというよりも、やってこざるをえなかったのである。大阪とのつながりは、父親が大阪で米相場で大失敗をして、先祖伝来の土地など資産をことごとく失ったからである。重要であるのは、父親の大失敗の地の大阪で、子どもの幸之助は大成功を収めたことである。ただし、この道のりは苦闘と苦難に満ちたものであった。

幸之助は宮田火鉢店を経てすぐに船場にあった五代自転車商会に移っている。幸之助はこの船場の自転車店で五年余りを過ごした。のちに幸之助は、当時の大阪の繊維産業の中心地となっていた船場での丁稚生活を振り返って、自らは「船場学校」＝商売人の学校の卒業生であり、船場での生活は商売の基本を習った学校――英語でいえば、street learning ということになろうか――であったと語っている。

その後、幸之助は大阪電灯に内線見習工として入社している。明治四五［一九一二］年には大阪南部の浜寺公園海水浴場に宣伝広告用のイルミネーションが計画され、その工事が大阪電灯に発注され、当時、一七歳の幸之助も作業者に選ばれ二週間ほどかけて工事を行っている。この工事は幸之助に電気時代の到来を感じさせたであろう。

大阪電灯で見習工から検査員へと昇格した幸之助であったが、ソケットの発明を思いついたのを契機に独立している。大正七［一九一八］年、幸之助が二四歳のころであった。幸之助が興した松下電器産業が、通天閣の電灯工事を一手に引き受ける——戦後、第二代目になっての電灯工事は日立製作所であった——ことになったことはすでに述べた。

松下電器はソケット生産から創始している。パナソニック本社（大阪府門真市）にある松下歴史館に展示してある松下創業時の工場模型からもわかるように、最初の工場は、工場というよりもむしろ家内手工業にちかいものであった。

その後、松下は自転車用ランプ、アイロンなどの電熱製品、ラジオ、電球、乾電池などの生産に乗り出しつつ、モーターやテレビなどの研究開発にも力を入れていくことになる。電気機械器具は国産化が遅れ、輸入依存度が高い分野であったものの、第一次大戦によって輸入が中断したことや、電化による国内市場の拡大で国産化の機運が大正期に一気に高まった。松下幸之助の創業はちょうどそうした時期に呼応していたのである。

昭和の初めには、松下電器は夫婦二人の家内手工業の町工場から一千名を超える企業へと成長を遂げていた。昭和八［一九三三］年には、大阪市内の創業の地を離れ、門真へと本社を移している。松下電器のこうした成長は、夫人の実弟であった井植歳男（一九〇二〜一八六九）の活躍によって支えられていた。第二次大戦後、井植は松下幸之助から独立して大阪市郊外の守口市で三洋電機を起こしている。

松下電器、三洋電機と並べられるのが、シャープペンシルの発明で財をなしたものの、関東大震災を契機に東京から大阪へと移り住んだ早川徳次（一八九三〜一九八〇）が創業したシャープである。早川は大正一三［一九二四］年に大阪阿部野近郊で早川金属工業研究所を起こし、ラジオ生産に乗り出している。ラジオ生産では、早川は松下と競争し、相互に刺激を与えつつ成長していった。三社は、大阪の三大家電メーカーとしてその外注・下請工場とともに大阪の電気機器産業を形成していくことになる。

関西の家電三社はいずれも徒手空拳の自営業から会社を起こし、民需を中心に発展してきたところにその特徴が見られる。韓国の社会学者の鄭賢淑は『日本の自営業層―階層的独自性の形成と変容―』で日本産業の発展に果たした早川や松下などの役割を大きく評価するとともに、当時の日本社会の開放性につぎのように着目している。

「自営業層の存在はその社会の開放性を現わす象徴でもある。いかに自営への移動が起こるか、また彼らのなかからどの程度の割合の人が成功できるかは、その社会が個人の独立志向や能力にどれくらい開かれた社会であるかを示している。被雇用者層が学歴によって評価され、官僚制のなかで与えられた定型的な仕事を遂行する存在であるのに対して、自営業層は自分の腕や能力、創意工夫を発揮できる存在である。彼らは独立志向が強く、リスクを厭わない、その点で、自営業層は学歴社会とは異なった、もうひとつの世界を作り上げてきた。」

鄭は韓国社会との比較において、日本社会、とりわけ自営業的世界の意義を分析しているのだが、同時に、「従来、日本社会のなかで階層として彼らが占める重要性についてはあまり注目されてこなかった。その背景には自営業層が消滅あるいは衰退するものと捉えられてきた。産業社会のなかで彼らは決して主役とみなされなかったのである」と指摘する。

自営業として創始された事業がすべて松下幸之助の松下電器産業のように世界的大企業へと成長したわけではない。松下幸之助と同じような事業を始めたものの、夢破れた人たちも多かったろう。つまり、松下幸之助のように大変な苦労の末に幸運な結果を得たケースもあれば、大成できなかった人たちもいたのである。

だが、鄭の指摘は大正期の大阪経済の底流にあった起業家経済のあり方を伝えているとともに、松下幸之助が後年、学歴のない自分の卒業した学校が船場学校であり、そこで学んだ考え方は若い人たちに繰り返し語った「勤倹力行」、「創意工夫」、「自立自営」という松下の歩んだ軌跡に見事に呼応しているではないか。

鄭は日本の戦前期を代表する成功者として、電機産業分野の六名のケーススタディーを行っている。そのうちの一人は早川徳次である。

こうしてみてくると、明治の最後の年に竣工した天に通じるタワーとしての通天閣は、その後の大正期の大阪経済の発展、とりわけ、松下幸之助や早川徳次などの起業家の成長そのものを象徴していたようにも思えてくる。

タワーからタワーへ

初代通天閣と二代目通天閣の間には、大正期という時代と戦前昭和期という時代の流れがある。戦時中の火災で初代通天閣は燃え落ちた。復興されたのは昭和三一〔一九五六〕年、日本が高度経済成長の入口にあった時代である。

この間の大阪の産業を概観しておこう。大正ということであれば、最後の年大正一五〔一九二六〕年には大阪港の貿易額が史上最高となった。この年には、中国市場向けを中心に綿布、綿織糸など綿製品が輸出額全体の六割近くを占めていた。他方、輸入では綿花が輸入額全体の四割ほどを占めており、神戸港や横浜港と比較して大阪の特徴が形成されていた。ちなみに、当時の横浜港の輸出の内容をみると、米国市場向けの生糸や絹織物が圧倒的な位置を占めていた。神戸港は米国やインドから綿花の輸入港であった。

綿紡績や綿製品を中心とした繊維産業の伸長によって、大阪はすでに述べたように大正一五〔一九二六〕年に、工業生産高で全国のトップとなっている。工場数からいえば、大正の半ばには大阪府、東京府、愛知県の三大工業地域が形成されている。そうしたなかで、綿製品、とりわけ、綿紡績業で大阪は圧倒的な地位を占めていたのである。

大阪での繊維産業の発展は同時に関連工業の形成も促していた。染色、化学や機械器具工業、大阪の人口増加に関連する商業、サービス業、雑業等である。染色でいえば、大阪市だけではなく、泉南地域、堺、泉北地域に工場が立った。化学では大阪市についで堺に工場が多かった。機械器具工業では、大阪市内の工場が圧倒的に多かったが、堺にも増加し始めていた。

そうした工場のほとんどは、いわゆる町工場であったが、そこから大企業へと成長したケースも多かった。大阪府立商工経済研究所『発展過程よりみたる大阪工業とその構造』は、明治および大正期に設立されその後に大企業へと成長した企業をリストアップしている。これを参考に、東京などで設立後大阪の分工場となったケースを除き、あくまでも大阪で独立企業として設立され、現在まで事業が継承されているケースを挙げておこう。

機械機器工業——大阪機工（大正四〔一九一五〕年、渦巻きポンプを製造する松田製作所として設立、その後、工作機械を専門とする大阪機工株式会社に改称）、大阪若山鉄工所（明治三一〔一八九八〕年設立、昭和に入り大阪若山鉄工所に改称、工作機械メーカー）、神戸電機（大正五〔一九一六〕年、鉛蓄電池の実用化を目指して日本蓄電池製造株式会社として設立、翌年に神戸市内で神戸電機製作所が設立。初代社長には小曽根貞松が就任）、新家工業（大正八〔一九一九〕年に新家自転車製造株式会社として設立、東京で工場生産を始め、のちに大阪工場で操業）など。

金属加工工業——木本鉄工所（大正七［一九一八］年に設立、二年後に日本可鍛鋳鉄所に改称、現在の日本カタン、住友商事の子会社）、白心可鍛鋳鉄製造（大正五［一九一六］年に設立、現在は浅田可鍛鋳鉄所として京都福知山に移転）、大阪製鎖（大正五［一九一六］年に設立、明治三七［一九〇四］年創業の大阪製鎖所を継承し、造船に不可欠な錨鎖を製造。現在は歯車、減速装置などを製造、現株式会社セイサ）、椿本チェイン（大正六［一九一七］年設立、自転車用チェイン製造、昭和に入り機械用チェインの製造に特化、その後、コンベヤラインも製造、現つばきグループ）、帝国製鋲（大正六［一九一七］年設立、鉄道省指定工場として軌条用釘、ボルト・ナットのほか、船舶用リベットも製造、現在はハイテンションボルトなど特殊ボルト、太径ボルトに特化）、東洋製缶（大正六［一九一七］年設立、日本で最初の自動製缶設備による製缶事業に進出、翌年には東京にも工場を設ける。昭和期には本社を東京に移転）。

化学工業——ラサ工業（明治四四［一九一一］年、ラサ島燐鉱合資会社として設立、大正二［一九一三］年に株式会社組織へ、ラサ工業へは昭和に入って改称。沖縄南の無人のラサ島——沖大東島——で当時、農商務省肥料鉱物調査所の所長であった恒藤規隆等がリン鉱石を採掘したことにより創業。現在はリン酸化合物だけではなく粉体機器、土木・建設機械、半導体材料などの分野に進出）、大阪曹達（大正四［一九一五］年、関西財界が中心となって設立。当初はカセイソーダの製造販売。現在はソーダを中心とした基礎化学品、機能化学品、ファインケミカルなど広範な化学製品を製造・販売、現ダイソー株式会社）、関西ペイント（岩井勝次郎によって大正七［一九一八］年に設立。尼崎で創業。大正一五［一九二六］年に日本ではじめてラッカーの国産化に成功）、東亜ペイント（大正八［一九一九］年に大阪製煉株式会社として設立。その後、東亜化学製煉を経て東亜ペイントへ。現トゥペ)、帝国人造肥料(大正九[一九二〇]年設立、昭和に入り帝国化工に改称。現テイカ株式会社)、日本油脂(明治四三[一九一〇]年に日本リバー・ブラザーズ社として尼崎に設立。その後、鈴木商店系の王子製油所、帝国火薬工業などと合併)。

紙製品――聯合紙器(明治四二[一九〇九]年設立、大正九[一九二〇]年に株式会社組織として、本社を東京から大阪に移転。井上貞治郎が三盛社――三成社――で日本最初の段ボール事業を始めたことから発展)。

その他――日本ヒューム管(大正一四[一九二五]年に日本ヒュームコンクリート株式会社として設立、昭和三[一九二八]年に東京銀座に本社移転、日本ヒューム管株式会社に改称、コンクリート管などの製造)。

大阪府立商工経済研究所がリストアップした金属加工工業からは、創立時期が明治の半ばということで抜け落ちているが、久保田鉄工所についてふれておく必要がある。久保田の創業者、大出権四郎(一八七〇〜一九五九)は生まれ故郷の広島因島から一六歳のときに、大阪の鋳物屋の黒尾鋳造所に見習徒弟として入っている。その後、権四郎は塩見鋳物を経て二一歳で大出鋳物を創業している。

権四郎は久保田マッチ機械製造所の久保田藤四郎の養子となり、大出鋳物を久保田鉄工所と改称した。当時、大阪市は人口増によって水道工事が急増、そのための大量の鉄管を必要としていた。鋳造設備をもつ大阪砲兵工廠が製造にあたっていたが、需要に追い付かず、大阪市は輸入に頼っていた。権四郎はこれに目をつけ、水道用鉄管の鋳造に乗り出したものの、技術的に行き詰まった。

権四郎が技術的に苦労を重ねた上で、当時としては画期的な「立込丸吹鋳造法」を開発して継ぎ目のない鉄管を製造するようになったのは明治三三[一九〇〇]年のことであった。これが、土居通夫等の大阪の財界人が誘致に全力を尽くした第五回内国勧業博覧会に出品され、久保田の名前が知られるようになる。その後も、つぎつぎと鋳造法に改良を加え、久保田の鉄管はその品質ゆえに水道管のみならずガス管として全国各地で使われるようになっていく。

いまでは忘れられているが、久保田は大正期に関連事業の多角化に乗り出している。たとえば、工作機械、船舶用蒸気機関、船舶用ウインチのほか、農業用機械、灌漑用ポンプや籾摺機などの動力に使われる発動機、自動車生産にも進出している。また、久保田は大正八［一九一九］年に米国人技術者の三輪自動車の特許を買い、実用自動車製造株式会社を設立し、三輪自動車さらには四輪自動車を生産している。

これらのうち、農業用発動機は、北海道で明治期に見られていたが、「内地」で石油発動機を中心に導入されるのは大正半ばからであった。最初の国産機は岡山県の岩下岩太郎――親戚筋の大阪の鉄工所の徒弟のあと、川崎造船所の工長を経てスピンオフ――の岩下鉄工所であるといわれている。構造が簡単で部品点数も少なく生産が容易なこと、農村での動力化需要の高まりから昭和初期に大阪等でも手掛ける業者が増えている。

大阪府立商工経済研究所『機械工業における外注、下請の実態―農業用発動機製造業とその下請構造について―』は当時の状況を、「昭和七、八年以後の農発（農業用発動機―引用者注）需要の激増に伴って農発工業もまた活況を呈した。大正一一年福岡県主催全国改良農具展覧会における農業用原動機の出品点数は石油発動機一七点、電動機一点計一八点に過ぎなかったが、昭和六年福岡県主催全国農具展覧会においては農業用原動機の出品点数は石油発動機一三八点、重油発動機一点、電動機三五点、水力機一点、原動機部分品一一点計一八六点と飛躍的に増加し、この間に業者の数も著増したことが推測される」とした上で、久保田鉄工所についてつぎのように紹介している。

「このような業者の増加とともに注目されることは、群小メーカーの濫立するなかで、アメリカ人ゴルハンの設計によって当初より月産一五〇〜二〇〇台の多量生産を行ってきた久保田鉄工所は、昭和八年に深刻な不況下において合理化を目指して、業界で雌雄を争ってきた戸畑鋳物の農発部門を合併し、昭和一一年には堺工場を新設して月産一五〇〇台の記録を打ち立て全国生産の半数を制して独占的地位を確立したことであった。」

大阪での自動車生産ということでは、大阪高等工業学校の関係者が明治四〇［一九〇七］年に発動機製造株式会社——のちのダイハツ工業株式会社——を設立して、国産初の六馬力吸入ガス発動機の製作に成功しているものの、実際に三輪車の製造に乗り出したのは昭和五［一九三〇］年、四輪車ということでは昭和一二［一九三七］年である。改めて久保田の取り組みが早かったことになる。

しかしながら、久保田の自動車は輸入車に押されて売れず、結局、明治四四［一九一一］年に設立された東京系の快進社——のちのダット自動車商会——と合併し、ダット自動車製造株式会社となった。それでも輸入車に対抗できず、昭和六［一九三一］年に戸畑鋳物に売却している。成功していれば、大阪が日本の自動車産業の中心となった可能性もあったろう。なお、農業用機械については、その後も事業として継続されている。

さて、この他に医薬品分野を見ておく必要がある。ただし、大阪の医薬品企業は、きわめて古い歴史をもっており、明治から大正期にかけて設立されたとはいい難い。たとえば、武田薬品や塩野義製薬である。武田薬品の場合、初代近江屋長兵衛が江戸期にすでに日本の薬種取引の中心地となっていた大阪道修町で和漢薬商を始めたことに由来する。天明元［一七八一］年のことであった。

そのころ、道修町にはさまざまな薬を扱う問屋が立地し、地方の薬商へ和漢薬を下ろしたりする仲間卸商がある程度の集積をみていた。長兵衛の店もそうしたなかの一軒であった。その後明治維新を経て、この道修町にも変化が押し寄せた。外国からの薬――洋薬――が入ってくるようになったのである。四代目近江屋長兵衛――その後、武田へ改名――は仲間たちと横浜港を通じてそうした洋薬を居留地在住の商人から仕入れていたが、やがて明治二〇年代末ごろから欧米商社との直接取引に乗り出した。

武田が和漢薬商から大きく変わるのは、明治二八［一八九五］年頃からは大阪に自社工場をつくり、塩酸キニーネなどを作り始めていたが、明治四〇［一九〇七］年にドイツのバイエルン社の日本市場での独占販売権を得てからである。第一次大戦の勃発によってドイツからの薬の輸入が困難となると、武田は洋薬の国産化に力を注ぐことになる。大正一四［一九二五］年、株式会社組織として武田長兵衛商店――昭和一八［一九四三］年に現在の武田薬品工業に改称――が設立され、自社製品の研究・開発、製造、販売を目指すことになる。

一方、塩野義製薬は、初代塩野義三郎が大阪道修町に創業した薬種問屋の塩野義三郎商店から発展していった。塩野義三郎も明治二〇年前後から従来の和漢薬から洋薬の取扱いへと転換を図り、武田と同様に欧米商社との直接取引を強化していった。塩野義が薬の製造に乗り出したのは、武田よりもすこし早く、明治二五［一八九二］年に大阪市内に工場を建て、カフェインや塩化錫などの製造に取り組んでいる。明治四三［一九一〇］年には、薬の製造部門として塩野製薬所が設立された。

その後の塩野義の歴史は武田と同様に自社製品の開発であり、大正八［一九一九］年に塩野義三郎商店と塩野製薬所が合併、株式会社塩野義商店となっている。尼崎に新工場、大阪市内に研究施設が設けられた。

ところで、日本の製薬事業を生み出したのは道修町である。いまでいえば、ある種のクラスター――産業集積地――であった。この道修町が産み出した鬼才ということであれば、日本の洋酒メーカーの先駆けとなった鳥井信治郎（一八七九〜一九六二）である。鳥井は大阪の両替商に生まれ、商業学校で二年間ほど学んだあと、道修町の薬種問屋小西儀助商店に丁稚として入っている。いまでいえば中学生のころである。

当時の道修町の薬種問屋は武田や塩野義のように従来の和漢薬から輸入物の洋薬を扱い始めていた。小西儀助商店もまた洋薬を扱うようになり、また、そうした洋薬のほかに、洋酒――ウィスキー、ブランデー、ブドウ酒（ワイン）――も扱っていた。そして、鳥井信治郎は洋薬ではなく、洋酒に興味をもつことになる。

鳥井は絵具染料問屋を経て、明治三二［一八九九］年に鳥井商店――のちに、寿屋洋酒店に改称――を設立し、ブドウ酒の製造・販売に乗り出している。当時、ブドウ酒は本来の発酵製法ではなく、アルコールに砂糖や香料などをブレンドしてつくるいわゆる合成酒であった。鳥井は国内市場よりもむしろ中国――清国――市場向けの輸出に力を入れている。

洋酒の消費ということであれば、洋酒は庶民にとって当時まだ高価であり馴染みもなく、その消費者はもっぱら神戸の外国人たちであった。神戸には外国人経営の洋酒輸入商社もあった。鳥井はそうした輸入商社に出入りするうちに、合成酒ではなく本物の発酵ワインの存在を知る。鳥井はスペイン人の経営する輸入商からスペインワインを買い入れ、日本人の嗜好にあうように調合して赤ワインを売り出す。寿屋の代表製品となる赤玉ポートワインが製造販売されるのは、明治四〇［一九〇七］年のことであった。

ワインなど日本人には馴染みがなかった時代である。販売に苦心した鳥井はあの手この手の販売戦略を実行していく。結果、大正から昭和にかけて、寿屋は日本のブドウ酒市場の過半を制している。

つぎに、鳥井はウィスキー製造に乗り出すことになる。大阪と京都の県境にある山崎に工場が建設されたのは大正一三［一九二四］年であった。ウィスキー製造は合成酒とは全く異なった技術であった。鳥井は、大阪高等工業学校の醸造科を卒業して、本場スコットランドのグラスゴー大学などでウィスキー醸造を学んだ竹鶴政孝（一八九四〜一九七九）――のちに大日本果汁（ニッカウヰスキー）を創業――を責任者として採用し、この若い技術者に国産初のウィスキー製造を委ねている。

醸造ウィスキーは仕込みから販売までに長期間を要し、その間、資金を寝かすことになるリスクの高い事業であった。このため、鳥井は短期的に収益が確保できるいろいろな分野に手を出している。結局のところ、鳥井は事業を赤玉ポートワインに絞り、ウィスキーについては昭和一二［一九三七］年の「角瓶」の発売でようやく事業に見通しをつけている。日本人にとって全く馴染みのなかったウィスキーの販売促進のために、鳥井は赤玉ポートワインの時以上に、直営店のサントリー・バーや一般消費者向けの販促雑誌の発行などそれまでになかった数々の創意工夫に溢れたマーケティング手法を持ち込んで行った。どれもいまでも普通となったやり方であるが、鳥井の先進性を物語っている。

こうしてみると、明治に生まれた大阪の事業は、大正期に大きく花開いたことがわかる。大正期から昭和期にかけての時期は、そうした事業がさらに、大企業として成立していく頃であった。紡績においても、東洋紡績や大日本紡績が吸収合併によって大規模生産体制を成立させていった。しかし同時に、この時代は、中小企業の町としての大阪の成立時期でもあったことに留意しておく必要がある。

大阪に限らず一般に、日本の中小企業には二つの歴史的系譜がある。一つめは江戸期からの在来産業型であり、二つめは近代移植型である。経済学者の中村隆英は『明治大正期の経済』で在来産業が急速に衰退することなく、大正期まで近代移植型と相互補完的であったことに着目しつつ、在来産業が中小企業の存立分野として継承されていった点をつぎのように指摘する。

「具体的にいえば、食料、衣料、燃料、身の廻り品、家具建具、文房具などの生活用品は、その生産から流通のすべてが在来産業の手中にあった。また、明治以後の西洋風の消費財、たとえば、洋服、パン、マッチ、ブリキ製品なども、その技術を導入したのちは、多くは在来産業が生産と流通を担当するところであり、たとえば紡績業は綿糸と輸出向綿織物を生産するが、生産された綿糸の大部分は、在来産業の一部である各地の綿織物業者の手で内需向綿織物に加工されたのである。……近代産業と在来産業の間には、その担当分野において分業が成立しており、両者が同一分野において競争する例はあまり見られず、むしろ相互補完的であった……在来産業の生産は、多くの場合、流通分野を握る問屋の支配下にあった。……同時に問屋の支配力が強化されるのも、また必然の趨勢であった。……在来産業は、このようにして展開し、明治中期以後昭和恐慌当時に至るまで、その地位を確保したのである。」

ただし、在来産業の代表はそれまでの庶民の日常生活に密着したものが典型的であり、織物、瓦、鋳物、和釘・伸線、刃物、酒、皮革、漆器、竹製品などはその後も生産された。他方で、庶民の生活にも洋風化がすすみはじめると、近代移植産業群も発展していくことになる。メリヤス、タオル、毛布、洋傘、帽子、ボタン、ブラシ、石鹸、マッチ、眼鏡レンズ、人造真珠、セルロイド製品、ホーロー鉄器、自転車などがその典型である。こうした産業は、在来産業と同様に問屋の下で手工業的分業によって定着していった。

タワー（初代通天閣）からタワー（二代目通天閣）の時代に、そうした近代移植産業は大阪の輸出産業として発展していくことになる。たとえば、メリヤス生地およびメリヤス製品、タオル、敷物、ホーロー鉄器、自転車、電球、魔法瓶、マッチ、玩具は日本の代表的な輸出製品となっていった。

こうした産業は大阪市内だけではなく、大阪周辺、とりわけ、大阪南部においても発展していった。なかでも、堺は注目される。江戸期の堺は、すでに綿織物業、鉄砲や包丁といった鍛冶業、酒や醤油の醸造業などが発達していたが、こうした産業群は明治維新以後、転機を迎えた。そのなかで、堺の商人のなかからその進取精神を背景に、近代移植産業に進出してくる者も現れている。煉瓦、紡績、段通、自転車などの分野である。経済史家の阿部武司は「藤本荘太郎―堺段通の組織者―」で当時の堺商人の企業家精神についてつぎのように評価する（『近代日本における企業家の諸系譜』所収）。

「未知の世界へ大胆に進出していった醸造業者や綿糸布商をはじめ旺盛な企業家精神をもつ人びとが多数存在したのである。さらにいえば、……彼らの活動範囲は堺という限られた空間をもこえていた。……一九一〇年前後に第三次の企業勃興が全国的に発生したが、堺でもこの時期にさまざまな分野で多数の企業が新設された。」

阿部はそうした堺の企業家を代表する人物として藤本荘太郎（一八四九～一九〇一）を紹介している。藤本がわたしたちの興味を引くのは、伝統的な産業分野から新しい産業分野へと果敢に転換をはかっていくその企業家精神である。藤本家は代々糸物商であり、真田紐の製造・販売を家業としていたが、祖父の時代から中国段通の模倣製品に乗り出している。庄太郎はそれらにさらに改良を加え、内国勧業博覧会に積極的に出品し、やがて輸出品としての地位を確立していく。荘太郎の工場には、松方正義や井上毅といった明治政府の大物だけではなく、グラント米国前大統領や英国の国会議員なども訪れている。

荘太郎は出織――下請の織屋――を積極的に活用して堺段通の輸出額を伸ばしていくが、明治半ばには主要輸出先であった米国の関税引き上げや米国内での類似品の登場などによって急速に衰退することになる。阿部は在来産業の多くが衰退するなかで、積極果敢に在来型製品を輸出商品に仕立てていった藤本荘太郎をイノベーターとして評価するとともに、「堺を中心とする大阪の段通業者の組合のリーダーとなり、そこで職工教育にも力を入れる等ユニークな活動を行った。彼は、さらに段通業界をもこえて堺財界の組織者として活躍した」とその社会起業家としての側面も強調している。荘太郎は大阪商法会議所会頭の五代友厚の求めに応じて、堺商業集会所――のちに堺商業会議所――の創立に関わり、会頭を務めている。また、日本の直接輸出と同業組合の普及を進めた前田正名（一八五〇～一九二一）にも協力している。

阿部は、堺の他の商人たちが松方デフレの下でさまざまな業種の会社の設立というかたちでリスク分散を図ったなかで、荘太郎が段通に専念していたことにも注目して、「荘太郎の専業志向は注目されよう」と指摘する。のちに、堺やその周辺が日本の敷物産業の中心になっていくことを考えると、藤本荘太郎は確かにイノベーターであり、社会起業家であったのである。

堺ということでは、自転車についてもふれておく必要がある。日本に自転車が輸入されたのは明治の早い時期である。国産化への動きは、東京築地居留地の外国人がもちこんだ自転車の修理に端を発するといわれている。水戸藩の鉄砲師であった宮田栄助（一八四〇～一九〇〇）が修理し、そのときの自転車を参考にフレームなどを試作している。明治半ばのことであった。

栄助の宮田製作所が自転車の生産を開始したのは明治二三［一八九〇］年からであり、堺で自転車部品の生産が始まるのは明治三〇年代ころである。石川県に生まれ漆器職人となった新家熊吉（一八六四～一九二一）が木工加工――木地挽――の腕を生かして木製リムの製造に取り組み始めたのも明治三〇年代半ば頃からで、その後、試行錯誤を繰り返し大正八年〔一九一九〕年に新家自転車製造を設立した。新家が大阪に工場を設けたのは昭和一二〔一九三七〕年であり、本社も大阪に移すことになる。

ただし、自転車のリムについては、従来の木製から鉄製へと転換し始め、熊吉は長男とともに英国に渡り、鉄製リム製造機械を購入して帰国し本格的な生産に乗り出したが、すぐにはうまくは行っていない。鉄製リム生産がようやく軌道にのるのは大正期になってからであった。やがて、新家自転車製造は神戸や堺などのリム製造業者も買収しつつ、リム生産でトップ企業へと成長していくことになる。

もちろん、自転車の組み立てではリムだけではなく、タイヤなど関連産業なくしては成立しない。リムが従来の輸入品から国産化が進んだことが、タイヤやチェインなどの国産化を促した。タイヤについては神戸で発展するが、チェインについては、新家――二代目熊吉――は前述の宮田製作所、輸入チェイン商社であった丸石商会などとともに、昭和八〔一九三三〕年に国益チェン株式会社――その後、他のチェイン会社と合併して大同チェン株式会社となり、昭和一三〔一九三八〕年に大同工業株式会社に改称――を設立している。

自転車は、宮田や新家の歩みからわかるように、輸入自転車の修理から部品の模倣生産へと展開し、部品工業が形成されていった。そうした部品加工業者の一定の蓄積の上に、自転車の組立・製造が進んでいく。鉄砲鍛冶が盛んであった堺の職人たちも在来技術の蓄積を生かして、パイプを加工し、ハンドルやポークなどの手作りから始めている。堺の自転車部品産業が発展するのは、他の多くの近代産業と同様に第一次大戦中であった。関東大震災で東京の自転車業者が大きな被害を受けたこともあり、この間に堺の自転車生産は国内市場でもシェアを伸ばしている。

やがて堺の自転車部品産業は、輸入代替産業から輸出産業として成長していくことになる。東洋経済新報社『日本貿易精覧』によると、わが国の自転車部品の全国輸出額は大正六〔一九一七〕年の約一七万円から大正一四〔一九二五〕年には約二三〇万円へと大きく伸び、昭和八〔一九三三〕年には一千万円を超える規模となっている。

ところで、自転車だけではなく、この時期大阪では、産業の重工業化の進展につれて、大規模工場の下請取引によって小さな町工場も増えていった。たとえば、鋳物の場合、大正期の造船ブームで、大阪市大正区の三軒家や泉尾のあたりに鋳物工場が増加している。こうした鋳物は船舶だけではなく、工作機械やさまざまな産業機械にも使用された。中小の鋳物工場が大阪の機械器具産業の発展を支えることになるのである。鍛工品、鍍金についても同様である。また、鉄線、針金、釘、ボルト・ナットのいわゆる鉄鋼二次製品の町工場も増加している。これら町工場の動力化が、小型電動機の普及とともに進んでいくのもこの時期である。経済学者の武部善人は『大阪産業史─復権への道─』で大正時代の大阪産業について、たしかに大きな発展をみたものの、その光が強かった反面、影も大きかったことを見逃すべきではないとつぎのように指摘する。

「大観して、大正時代における大阪府の産業は、極端に対立する陰・陽ないしは明・暗の両面を持っていた。すなわち『繊維王国大阪』、『東洋のマンチェスター』、『煙の都大阪』、『日本第一の工業都市大阪』という面は『陽』または『明』に属し、『物価暴騰』、『米騒動』、『工場閉鎖』、『解雇・失業・労働争議』、『小作争議』、『大不況』などは『陰』または『暗』の面に属するであろう。……『明暗』の激しい振幅は、繁栄が顕著であっただけに痛みが大きく、当期大阪産業を彩る一つの特色といえよう。また大正期における大阪が、『商都』のイメージから『工都』、しかも『煙の都』のイメージへと変身するのも大きな特色である。

さらに日本産業史的の視点からも、大正期の大阪産業が、『原材料輸入→低賃金加工・製造→再輸出』方式という日本産業の基本構造と、大企業と中小企業・零細企業間における『二重構造や下請制』に伴う、支配・隷属関係に立つ日本産業の基礎構造の典型を、軽工業および重化学工業を通じて、日本で最も早く形成ないしは経験したことも強調すべき大きな特色である。」

大阪の発展を産業からみると、「東洋のマンチェスター」というように繊維産業は大きく伸びたが、「東洋のバーミンガム」と呼ばれることはなかった。実際は、繊維だけではなく、重工業もまた大阪で根を下ろしつつあった。だが、その過程は決して「明」の部分だけではなく、武部の指摘するように「暗」の部分もあったのである。

また、この過程は大阪が中小企業の町とよばれるようになる過程でもあった。近代的大工場だけではなく、町工場からのスピンオフによって町工場が大阪で多く生まれた時代であった。

その後、大阪経済が大きな変容を迫られるのは、昭和六［一九三一］年の満州事変を契機として戦争経済へ突入してからである。結論を先取りすれば、わが国の軍需工業化＝一層の重工業化を反映して、機械金属産業が大阪産業のなかで大きな比重を占めるようになる。

満州事変から盧溝橋事件（昭和一二［一九三七］年）までの工場数の推移を『大阪府統計書』からみておこう。とりわけ、機械器具と金属工業での工場数の急増に注目しておいてよい。

業種	昭和六[一九三一]年	昭和一二[一九三七]年	伸び率
機械器具	一一二八	三七〇九	三・三
金属工業	一一六四	二九〇三	二・五
化学工業	六九七	一一六三	一・七
紡織工業	二〇一七	二五二六	一・三

他方、従業員数の推移についてはつぎのようになっていた。とりわけ、機械器具が十万人近くとなり、紡績業と肩を並べるようになってきていることが注目される。

業種	昭和六[一九三一]年	昭和一二[一九三七]年	伸び率
機械器具	二七〇九五	九七八八七	三・六
金属工業	二三〇九八	七二七一一	三・二
化学工業	一八二〇四	三三五八八	一・八
紡織工業	八三八三一	一〇五四九六	一・三

戦争の激化とともに、大阪経済は、紡織など軽工部門が原材料などの制約を受け、機械や金属への集中を強めて行くことになる。また、軍需生産への集中を進めるための戦時動員体制がとられた。日本と同じように米国や欧州諸国でも大企業への生産集中と、中小企業の再編成——合併や廃業を含む——が進んだ。昭和一五[一九四〇]年に刊行された小島精一の『日本戦時中小工業論』は、当時の状況をつぎのように伝えている。

「日本戦時経済の計画経済化へ前進するという観点から、中小工業を組織的に、計画的に合理化して、建設的に動員することが最も必要であると考へるものであるが、これには大企業の領域に見られるカルテルの国策化に対応して中小企業の組合制度を根本的に再編成して、その機能を拡充することを前提とする。」

大工場だけで旺盛な軍需を支えるには無理があり、中小工場も大工場との下請・外注関係の拡大を通じてまた活況を呈し始めていた。問題はそうした量的拡大ではなく、むしろ質的な問題にあった。小島は「わが国の中小工業はその国策遂行上の役割が甚だ重要なのであるが、今日に於ては、時局の波に便乗して濫設されたままでいるから、低能率、劣等の経営が大部分を占めている。数の夥多な割合にその貢献の少ないのは遺憾とされねばならない。……かくして、劣質、低能率の工場が群立しているままでは折角苦心して調達した原料や資材額がみすみす濫用されてスクラップに近いものとなるおそれが甚だ大きい。そこで、今後の緊急対策としては、どうしても、それらの群小工場を淘汰、合理化して、彼等の機能を向上させ、有数にその能力を発揮せしめるように努力せねばならないという段階に立ち入っているのである」と述べている。さらに、小島は、下請の中小工業の現状と問題点をつぎのように指摘した。

「最近のわが国の中小工業動員において馬脚をあらわしているのは、特に民間大工場の下請工場として、中小工業が動員される場合である。……自己に危険と思われるような設備の拡充を回避して、一時的・臨時的な形でその場限りに中小工業に下請させるので、軍部の地方統制工業に比し、極めて無統制、非組織的で、指導も全然行はれない結果、仕事の成績も不良である。且つ此のやり方では質的向上は大して期待は出来ない。しかも大工場と下請中小工場とが直接結びついていない結果、下請関係が複雑化して、再下請、再々下請の場合が多く、甚だしい場合は四度の再下請を経ている場合があって、下請中小工場の利用は甚だ高い。……また事変以来軍部の急激な増加に基づく過大受注を消化しきれなくなった結果、大工場は益々その下請工場への発注を増加させ、下請工場側でも、多くの工場から無暗に仕事を引受けたので作業の専門化も行われず、遂に軍需品製作遂行に混乱を来し、生産力拡充工作に重大な支障を与えるに至った。」

地方についてみれば中小工場そのものの数が限られていたこともあり、県庁などによる上からの統制が容易であった。反面、大阪など大都市圏では中小工場の数が多く、さらにそこから再発注あるいは再々発注されており、現実に、中小工業の統制は困難であった。しかも、技術面では大企業の近代化された工場設備と比較して、中小工場のそれは旧式であり、職人技に頼るところが多く、現実には量的な問題だけではなく、品質問題が深刻化していたのである。

さらに、大阪でも若い労働力が戦線に送られ、また、設備の新規更新もないなか、原材料の入手はますます困難になっていった。軍備を支える工業生産力そのものがこのように低下していったことで、中小工場の整理淘汰がはかられることになる。小島の指摘したように、中小企業の組合＝統制組合による生産の集約が行われることになる。不要不急の民需分野の整理再編だけではなく、軍需部門でも生産能力、品質ともに低位にとどまった工場の整理再編が不可欠であった。

小島が「戦時経済も四年目になったが、是から色々な方面に非常に難しい時期に入ってゆくのではないかと思う」と感じていた時点で、政府による整理再編の対象となっていたのはつぎのような分野であった。

綿製品――綿織物、メリヤス――、麻織物、漁網、銑鉄鋳物、メッキ業、皮革製品、銅製品、ゴム製品、玩具、家具・什器、鉛、亜鉛、錫、アンチモン、ニッケル製品、自転車、石鹸、刷子などである。しかし、これらは国内市場向けの製品であると同時に、綿製品や雑貨などは日本にとって重要な輸出製品でもあった。

そうした輸出品の減少は原料輸入のための外貨獲得を困難にし、大きな痛手となった。

こうした産業統制は製造業の分野だけではなく、商業やサービス業の分野でも、転廃業や事業縮小のかたちで急速に進められることになる。とりわけ、卸売業の店舗数は急減し、必然、小売店についても商店数は激減した。扱い商品が統制を受け、商品そのものが入手困難になれば当然の結果でもあった。物資統制が進み、地区ごとに共同販売所や配給所が設けられたことによる影響もまた商店の存立を困難にさせた。

日本の敗戦が色濃くなり、主要工業地域の一つであった大阪もまた、昭和一九［一九四四］年一二月から空襲をひっきりなしに受け始めた。翌年の昭和二〇［一九四五］年三月一三日――深夜爆撃で翌朝まで――から終戦前日の八月一四日までに限っても、大阪は七回の空襲――同年七月の堺空襲を含めると八回――を受けている。終戦前日に行われた大阪への大空襲では、多くの大阪市民が犠牲となった。

これら米国の爆撃機は、グアム島から飛来したものである。北マリアナ諸島のサイパン島のすぐ南にあるテニアン島の米軍基地からも飛来した。日本の制空権は失われ、米国は直接、大阪砲兵工廠など軍需施設だけではなく、大阪市民たちの住宅地域にも容赦なく爆撃を行った。焼夷弾によって大阪は火だるまとなった。当時、大阪商科大学の教員であった谷口知平は『有恒会百年史』――大阪市立大学百年史――への寄稿「大阪商科大学から大阪市立大学法学部へ―終戦前夜――」で当時の様子をつぎのように振り返っている。

「(昭和一九［一九四四］年―引用者注) 一一月東京偵察の米機が現れてより、間もなく空襲警報に日夜悩まされることとなり、学生は住友金属に勤労奉仕、教授は交替で週一～二回ずつ監督に工場へ出張、空襲警報の度ごとに防空壕に退避し、敵機が去るごとに命拾いした思いをするのが恒であった。……二十年三月十三日夜大阪大空襲でその火災で大阪の空は赤く京都からも臨まれたのであるが、十四日宿直に当たっていたので大阪に出たところ、阪急梅田から大阪地下鉄に通ずる地下道には多数の避難の市民が茫然と寝転んでおり、天王寺からの阪和線は不通であった。歩いて行く道すがら、所々焼け残りの倉庫の天井から火災が吹き上がっているのを見た。

この頃から全国各地への空襲は日々を問わず頻度を加える。近畿地区は敵機が潮岬へ侵入の頃から警戒警報が発令され、敵機は大阪・京都経由名古屋から小浜湾へ抜ける進路をとった。夜ならば一つの灯も漏らさぬように雨戸を目張りし一戸一灯黒い遮光覆いをし、防空頭巾、国民服、巻ゲートル姿で待機し空襲警報解除のサイレンでようやく生気を取り戻すという生活を日夜繰り返した。」

大阪出身の小田実（一九三二〜二〇〇七）は終戦前日の空襲で犠牲になった人びとの死を「難死」と名付けた。大阪生まれ大阪育ちのわたしの母も軍需工場での勤労奉仕からの帰り、このいずれかの空襲に遭い、怖い思いをしたことを子どものころに聞いた記憶がある。

戦争が日本の敗戦で終わってみれば、東京や名古屋と同様に、大阪の中心部は焼け野原となり、南部の堺、岸和田、貝塚あたり、空港があった豊中も大きな被害を受けていた。戦争末期には日本の軍需生産のおよそ三分の一を占めたといわれる工業も大きな打撃を受けていた。大阪の近郊農業もまた同様であった。きわめて深刻な食糧不足、日常品不足は急速な物価上昇をもたらした。こうした物価上昇は生産の意欲を奪い、原料そのものへの投機と闇市場を拡大させた。その後、大阪経済が復興のきっかけを得るのは、朝鮮戦争勃発による特需――軍需品の修理や製造など――によってである。

敗戦一年前に撤去された初代通天閣に代わって二代目通天閣が完成するのは昭和三一［一九五六］年であったが、このころには、大阪経済もまた高度経済成長の中にいた。しかしながら、戦後の大阪産業復興のための調査と施策立案のために設立された大阪府立商工経済研究所は、昭和三四［一九五九］年に発表した「大阪の経済と産業構造」ですでに「近畿経済の地盤沈下」問題を取り上げている。

同報告書は関東・京浜地域との比較において、阪神地域の地盤沈下を「京阪神に比重の高い軽工業部門の停滞と、新しい工業地帯に於ける重化学工業の発展、並びに農業における東北、北陸等の後進地域の戦後に於ける著しい生産力の伸び等、戦後の日本産業の業種並びに地帯構成の変化を反映しているもの」とし、「それを条件づける構造的な変化を重視する必要がある」と指摘する。要するに、戦前の大阪経済をけん引してきた成長産業の力が、他地域と比べて大阪の場合、低位にとどまっているというわけである。

同報告書はこの点について、「大阪の工業は機械工業部門が弱い。現在発展のテンポのとくに速い機械工業であり、大阪に軽電気をはじめとして機械工業の地位は次第に高まっているのだが、自動車、重電機、航空機工業、精密機械などが少く、これらの工業は技術的に高いものを要求され、労働力の雇用量も大きく、地域経済に及ぼす影響も大きいといわれている。大阪工業はこのような機械工業を受け入れていかに振興するかの段階に当面しているのである」と分析を加えている。

たとえば、昭和三一［一九五六］年の東京都、大阪府、愛知県の製造業の業種別全国シェアをみると、繊維では愛知県が、工場数、従業員数、出荷額でいずれも東京や大阪を上回っていた。戦前期大阪産業を代表した繊維で、大阪は愛知県にその座を譲っていたのである。他方、機械、金属では、大阪は東京についで全国二位であったものの、その特徴は戦前と同様に中小工業が多いことであった。その後、愛知県が自動車産業を中心に機械の比重を著しく高めていったことを振り返ると、大阪はそうした成長産業を確かに欠いていた。

さらに、商社などを含めて、従来、大阪に置かれた本社機能が、政治や経済の一層の中心地となった東京へ移転したことも構造的な問題であった。また、商品流通などにおける大阪の卸売機能も全国に分散化しつつあった。

東京と大阪の経済的地位は、この後、逆転することはなく現在に至っている。このことを象徴するのは、昭和三三［一九五八］年に東京芝浦公園に電波塔として完成した東京タワーである。それは、その二年前に竣工した二代目通天閣をはるかに凌ぐ高さであって、その後東京オリンピックによってさらに加速されることになる東京の経済を象徴していたともいえる。なお、製造品出荷額で愛知県が神奈川県を追い抜いて全国一位となるのは、昭和五二［一九七七］年のことである。

第三章　神戸タワー物語

むかしの神戸新開地

設楽貞雄の設計になる神戸タワーは、大正一三〔一九二四〕年三月に開業した。高さは九〇メートルであった。手元にある昭和初期の写真をみると、神戸新開地の湊川公園の端にそびえたつ神戸タワーには、初代通天閣にあった凱旋門風の建造物の代りにタイル張りの五階建てのオフィスビルのような建物があり、その上に七階のタワーが立ち、展望台もあり、尖塔の上には日本国旗が掲げられている。

神戸タワーの後継塔として、昭和三八〔一九六三〕年に開業したポートタワーは一〇八メートルである。神戸港に立つポートタワーからは、淡路島をはじめ晴れた日にはかなり広範囲の眺めを展望できる。初代神戸タワーは海抜一〇メートルほどの湊川公園の入り口に立っていたが、神戸三宮駅周辺の高層ビル群などない当時、いまよりはるか遠方まですっきりと展望できた。

わたしの幼いころの記憶では、神戸タワーを湊川タワーといっていたようにも思う。それは、神戸の新開地という映画館や劇場、飲食店などがあった繁華街を上りきったところに湊川公園があったからである。湊川公園の入り口に立つタワーという語感である。

神戸生まれのわたしにとって湊川公園といえば、父の背中に負われて街頭テレビのプロレスを見に行った場所である。テレビ受像機の値段が高かったこともあり、私の世代にとってテレビといえば公共の場に据えられた街頭テレビであった。テレビが日本に登場したのは昭和二九［一九五四］年ごろであるので、わたしが三歳ごろの記憶である。

父の背、人混み、高い所にあるテレビ受像機、そしてプロレスは、いまも映像的にわたしの脳裏に浮かぶ。そのなかに、むろん、神戸タワーはある。だが、その存在に気づいたのは、中学生の頃であったような気がする。記憶のなかの神戸タワーは、入口が閉鎖され、なにか赤茶けたネオン看板の鉄骨だけが露出した廃墟のような建物であった。当時は、神戸の賑わいが三宮周辺に移っており、戦前来の神戸の繁華街であった新開地の急速な地盤沈下を象徴していたようにも思える。

こうした思いはわたしだけではないようだ。神戸新聞社編『懐かし写真館—昭和の兵庫・あの日・あの時—』は、昭和四三［一九六八］年の撤去寸前の神戸タワーの写真とともに、戦前生まれで神戸暮らしの長い元報道カメラマンの思い出をつぎのように紹介している。

「大正一三年に作られたときには、新しいもの好きの神戸っ子が列をなして、登ったそうや。東洋一の高さを誇ったといわれ、晴れた日には紀淡海峡からも見えたらしい。……〝待たずに乗れる阪神電車、ビオフォルミン〟やな。文字が順番についたり消えたりしたんや。……どこから見えて、親しまれていた神戸タワーやけど、戦災で老朽化し、取り壊しが決まったころには、パイプがむき出しになったり、壁のセメントが落ちたりして、ずいぶん危険な状態やった。とても上れるような雰囲気ではなかったな。会社から帰るときにはぬぅーと、無言で建つ姿が不気味やった。」

この神戸タワーのすぐに近くにあった新開地はその名のとおり、神戸と兵庫のそれぞれの地域を分断していた湊川を付け替えたあとに新しく開いた土地であった。神戸といえば、現在のＪＲ三宮駅や阪急電鉄の三宮駅周辺がその中心地域と思いがちであるが、それは昭和三〇年代の高度成長期以降の話である。戦前においては、神戸タワーのあった新開地の周辺が神戸の中心市街地であった。

ところで、明治維新の開港時には、「兵庫」の人口は二万三千人ほどであった。兵庫の港――津――は平清盛（一一一八〜八一）が宋との貿易港として開いた。裏の六甲山系が冬の季節でも北寄りの風を防ぎ、また、南に張り出した和田岬が西風を防ぐ天然の良港であった。また、海底が砂や軟泥で投錨が容易であった。他方、大坂や堺の港は淀川や大和川が運ぶ土砂で水深が浅く、大型の船が満載で入港することが困難であり、兵庫の港に大型船が投錨し、そこで小舟に荷物が積み分けられるのが普通であった。

また、瀬戸内海そのものが奈良時代からの重要な海上物資ルートであって、従来兵庫も大輪田泊と呼ばれ重要な港の一つであった。平清盛は宋との貿易拡大のために、当時の海岸を埋め立て大輪田泊の大拡張工事を行っている。現在のポートアイランドを造成したようなものである。この港を通って宋からは漢方薬、香料、絹織物、サンゴや書物が輸入された。

大輪田泊が兵庫の津と呼ばれるようになるのは足利時代からである。特に足利義満（一三五八〜一四〇八）は明との貿易に力を入れ、兵庫からは漆器、銅、硫黄、扇子、刀剣が積み出され、明からは銅銭、漢方薬、絹織物、生糸、書物、朝鮮からは綿布、経典などが輸入された。国内についてみれば、同じ頃に、兵庫の津に年間二千隻を超える船が入港したという記録も残っている。

このように、兵庫は古くからの港町であった。川崎造船所から三菱神戸造船所を挟んだ地域には、美濃出身で犬山城主でもあり、織田信長に仕えた池田信輝――恒興――（一五三六〜八四）が、信長に謀反し花隈城――現在はJR元町駅のすぐ近くに城壁だけが復元され公園となっている――に立てこもった荒木村重（一五三五〜八六）を破ったことで、荒木の所領を与えられた地に城を築き、そこに小さな城下町が形成された。その西に位置したのが旧湊川であり、自然の外濠となっていた。

この城下町には職人や町人が移り住んだ。いまは櫓や城壁などむかしの様子を伝える史跡は何も残っていないが、それに関連した地名はいまでも残っている。そうした歴史的空間は明治六［一八七三］年に新川運河が開削されたときに、この底に沈んだ。父の会社の事務所がこの場所のすぐ近くにあり、わたしの小さいころの遊び場であったが、この地域がその昔、池田信輝が築城した「兵庫城」の跡であったことなどはずいぶん後で知った。

江戸期には、兵庫は瀬戸内海の海上運送の拠点の一つであり、問屋も多かった。積荷の集積地として、食料品では塩、塩干物、茶、米、素麺、煙草のほか、木綿製品、肥料、船具、材木などが扱われた。

神戸市立博物館所蔵の天保八［一八三八］年の兵庫「宮前町水帳絵図」には、当時の町屋一〇一軒――のちに、神戸市教育委員会の発掘調査でも確認されている――が記録されている。絵図によれば、漁業が盛んであったこともあり生魚問屋があった。生魚問屋からは新鮮な魚が京都や大坂へ船で運ばれた。北風荘右衛門など有力問屋の屋敷もあった。兵庫の津は整備された港湾の町であった。

兵庫の港町は、西国街道の宿場町となった岡方と港湾施設をもつ浜方から構成されていた。浜方の様子を江戸期の時代別に絵図からみてみると、埋め立てが行われ地域の拡張が続いていることがわかる。兵庫は幕府の天領となる前の尼崎藩の時代に、すでに市街地の拡大が進んでいたのである。

浜方は現在の中央卸売市場あたりで、特定の大名と結びつき、その藩の米や特産物を扱った問屋が立ち並んでいた。参勤交代の際には、大名が立ち寄り宿泊したことから浜本陣とも呼ばれていた。熊本藩、薩摩藩、福岡藩、佐賀藩、久留米藩、松山藩など一六藩と取引をもつ九つの問屋があった。

こうした旧城下町と比べると、新開地は文字通り新しく開けた土地である。

神戸の背後に六甲山脈がある。六甲山はいまでこそ緑豊かな山であるが、むかしは風化の進んだ花崗岩がむき出した岩山のようであり、台風や豪雨のときには土砂が流れ出し、川底の浅い旧湊川はたちまち天上川となって土砂を周囲に押し流した。湊川は維新後も長雨が続くと氾濫を繰り返してきた。明治二九［一八九六］年の記録によれば、溢れた水が周辺の家屋を浸水させたばかりではなく、倒壊させ、多くの死傷者を出した。

この大災害がきっかけとなって、従来から必要性が指摘されていた湊川の付け替えが行われた。トンネルや疎水技術に実績をもつ大倉喜八郎（一八三七〜一九二八）――大倉土木組――や藤田伝三郎（一八四一〜一九一二）、地元の大地主の小曽根喜一郎、神戸市会初代議長を務めた神田兵右衛門（一八四一〜一九二一）、地元の実業家の竹岡豊太（一八六四〜一九三一）や村野山人が中心となって、内務省技師の滝川釖二や同じく内務省技師でフランスで土木技術を学んだ沖野忠雄（一八五四〜一九二一）の協力を得て、明治三〇［一八九七］年八月に湊川改修株式会社を設立して、難工事に乗り出した。

なお、藤田伝三郎は、大阪財界の鴻池善右衛門――第一一代目――、土居通夫、田中市兵衛（一八三八〜

一九一〇）にも参加を呼び掛けている。大阪の関係者にしてみれば、神戸のこととはいえ、大雨や台風のたびに土砂が溢れ出し、河川周辺や港湾に大きな被害を与える湊川に対して見て見ぬふりは出来なかったのである。土居と田中は大阪商業会議所の会頭を務めた人物であった。

藤田、土居、鴻池は大阪でさまざまな事業を協力してきた、いわばインナーサークルの仲間である。田中は代々肥料商の家に生まれ、明治一〇［一八七七］年に第四二銀行を設立し、その後、五代友厚や藤田伝三郎等と関西貿易会社を設立したがうまく行かず、明治二三［一八九〇］年に解散している。ただし、田中は関西貿易会社を通じて貿易業の重要性と将来性に着目するようになった。

田中は藤田や鴻池に働きかけ、明治一七［一八八四］年に神戸桟橋会社を設立し、のちに社長となっている。神戸桟橋会社は田中が神戸港の将来性を買い、その建設を目的に興した事業であり、やがて政府の注目するところとなったが、後に売却している。こうした関係からも、田中は湊川改修工事の重要性を知っていた。なお、田中は第二章で取り上げた阪堺鉄道や日綿などの設立にもかかわっている。

湊川の工事申請そのものは、明治初期から小曽根喜一郎や神田兵右衛門たち地元の有力者が兵庫県に対して行っており、ようやく明治二九［一八九六］年一二月になって許可が下りている。付け替え工事は翌年一〇月に起工、明治三四［一九〇一］年八月に竣工した。完成までに四年が費やされたわけである。新開地は旧湊川の埋立て地であるが、当時の写真をみると、湊川の土手にあった松がどこまでも続く道路のような風景である。

その後、松は伐採され、広くなった空き地は子どもの遊び場となったようである。だが、当時、神戸駅周辺にあった演劇の相生座が移転してきたことなどがきっかけとなり、映画（活動写真）館もできた。さらに、敷島館、朝日館、菊水館、錦座などの寄席、劇場、映画館二〇館が立ち並ぶ神戸一の歓楽街となっていった。神戸タワーが立っていた湊川公園は、埋立て地の北側に設けられた公園であった。その周辺は旧湊川の土手側にあたり、以前から桜などが植えられてはいたが、公園として正式に市民に開放されたのは、神戸市が埋立て地の一部を買い取り整備した明治四四［一九一一］年あたりからである。

さて、設楽建築事務所は、神戸タワーのほかにも新開地に多くの象徴的な建物を設計している。たとえば、神戸タワーに先だって神戸新開地のシンボルとなった聚楽館――本来は「じゅらくかん」と読むが、地元っ子は「しゅうらっかん」と呼んでいた――も手掛けている。芸者置屋の息子として映画発祥の地である神戸に生まれ、映画評論家となった淀川長治（一九〇九〜九八）が足しげく通った映画館である。(*)

＊映画（活動写真）――日本で初めて公開されたのは明治二九［一八九六］年で、トーマス・エジソン（一八四七〜一九三一）が発明したキネマスコープが港町神戸に輸入され、五日間ほど神港倶楽部で上映された。キネマスコープは現在のようにスクリーンに映像を映し出す方式ではなく、個別にのぞき見るような仕掛けであった。スクリーン式は神戸ではこの翌年に相生座で初公開されたといわれる。

東京の帝劇の向こうを張り、既述の神田兵右衛門など地元の有力者がこの建物の建設に出資した。施工は竹中工務店、明治四五［一九一二］年五月に起工し、大正二［一九一三］年八月に竣工した鉄筋三階建て、地下一階の冷暖房完備、一五〇〇席をもつ劇場であった。手元の写真から当時の立派な内部がわかる。

聚楽館と神戸タワーの間にあったのが湊川温泉であり、隣接して松竹劇場という映画館もあった。神戸タワーを当時の湊川公園の西側からみて、後方に高い煙突がみえる建物である。これもまた設楽設計事務所による。起工は大正一五［一九二六］年一二月、竣工が昭和三［一九二八］年三月で、鉄筋コンクリート――一部木造――の四階建て、地下一階の建物であった。

設楽貞雄と縁が深かった新開地について、神戸生まれで神戸市の港湾行政に関わってきた斎藤力之助は、『わたしの湊川—戦前・大正・昭和の三〇年—』でつぎのように回想している。わたしが父から聞いた新開地の様子と重なり、当時の湊川公園から南側あたりの様子をよく伝えているので、すこし長くなるが引用しておこう。

「この河川敷がやがて神戸第一の娯楽の殿堂として栄えていくのである。新開地には色々と店が立ち並び食べ物では他の追従を許さず、又値段も格別に安かった。……又湊川公園には神戸の象徴神戸タワー、その周辺にはテント張りの洋食屋、コーヒー店は何時も満員、正に新開地は食べ物天国でもあった。これらは近くの川崎造船所(*)から勤めを終へて帰路につく工員さんたち（現代と違って歩いて行列を組んで新開地本通りを通っていた）、そして映画（活動写真）や芝居を見終わって家路につく人々の楽しみの一つでもあった。又新開地の名物の一つとして香具師の存在も忘れられない。香具師は通称『ヤシ』といっていた。その種類も色々あり、易者、神楽師、気合術、奇術、手品師、自称法学士と名乗る法律書専門に裏付ける紳士然とした男達巧に『サクラ』を使って見物人の購買心をそそる。……この『ヤシ』の存在は新開地の魅力であった。……しかし新開地といえば何といってもその繁栄の礎となったのは映画館（昔は活動写真館といっていた）であろう。あの絵看板、旗、幟のひらめき……大正から昭和にかけて最新の映画がまず新開地に封切られ……」

＊川崎造船所——薩摩出身の川崎正蔵（一八三六〜一九一二）が東京築地の官有地を借り受け、明治一一［一八七八］年に造船所を開いた。三年後に、神戸に川崎兵庫造船所が設立された。官営の兵庫造船所が払い下げられ、東京築地ドックも神戸に移される。川崎造船所は明治三八［一九〇五］年に設立された三菱神戸造船所とともに、民間船舶のみならず軍艦建造

などで大きく伸び、神戸を造船の町として発展させていった。

和田克巳編著『むかしの神戸―絵はがきに見る明治・大正・昭和初期―』にある、三船清が当時の記憶を探り寄せて描いた昭和初期の新開地本通りの地図をみると、新開地の西側には劇場、東側に斎藤のいう値段が手ごろな食堂が軒を連ねていたことがわかる。

「びっくり」という名前の付く食堂や「びっくりうどん」、「びっくりぜんざい」など、また、ハイカラの神戸にふさわしいコーヒー店やアイスクリーム専門店もある。屋台のすしやてんぷらもあったようである。他にも、洋品店、帽子専門店、楽器店なども見える。

神戸タワーの眼下にあるわずか東西一キロメートルの新開地には、映画館・劇場が二〇館、飲食店や商店などは二〇〇店舗も軒を並べていた。映画などの興業は神戸市全体の九〇%近くがこの狭い空間に集中していた。

第一次大戦中の造船ブームで潤った神戸経済に冷水を浴びせかけた不況下でも、当時、小学校四年であった斎藤は、新開地は庶民の街として映画で栄えていたと回想している。その後、無声映画からトーキー映画の時代となり映画館の集積地となっていた新開地は、活気であふれた。斎藤はいう。

「新開地は映画で独占された格好となり盛況さを増した。とにかく神戸の人間で新開地を知らなかった人はおらなかったであろう。その人出の凄さは、神戸開港（大正十年三月二十日）の日の新開地の人出でよく知られ、古い新聞記事によると新開地の人出は明治末年でさえ、正月三ヵ日の人出は四十万人を超え、一館平均六千人となる。」（和田前掲書所収）。

昭和一一［一九三六］年一〇月三日から四四日間にわたって湊川公園で開催された、軍艦一〇〇隻、航空機一〇〇機が参加した観艦式(*)記念神戸博覧会の写真が手元にある。そこには、風景館、演芸館や国防館を訪れる着飾った人びとを見守るように、「特急・大阪行、阪神電車」のネオンサインで飾られた神戸タワーが誇らしげに立っている。

＊観艦式――海軍が艦船の威容を誇るため、国家元首などが親閲する式典であり、軍艦パレードである。日本では明治元［一八六八］年に大阪天保山の沖で行ったのが最初といわれるが、本格的には明治二三［一八九〇］年に神戸港沖で行われた。当初は海軍観兵式などと呼ばれた。

この活気は、日中戦争から太平洋戦争へと日本が戦争の道を歩むようになる時期まで続いたが、戦時中の洋画や娯楽映画の上映禁止措置によって、映画館の街であった新開地は衰退しはじめた。そして、昭和二〇［一九四五］年三月一七日、五月一一日、六月五日の米軍による神戸大空襲によって、新開地もまた壊滅的打撃を被った。飲食店などは焼け落ち、映画館や劇場が数館と神戸タワーだけが生き残った。当時の写真をみると、一面焼け野原となったなかに神戸タワーだけが呆然と立っている。

斎藤は戦後の新開地について、「戦災の痛手は予想外に大きく、加えて日本映画産業の斜陽、大衆の映画離れ等と悪条件が重なり、間もなく松竹劇場、松竹座、聚楽館は閉館取毀ちの運命に遭い、繁栄の中心が三宮周辺に移るとともに、今は寂しい一商店街に過ぎない状態となった。昔なつかしい湊川新開地の面影はない」と述べる。そして、この指摘から二〇年が経過したいま、その衰退は一層進んだように思える。

明治二一［一八八八］年に市制・町村制が公布され、翌年四月一日に神戸市は誕生した。その範囲はいまの中央区や兵庫区などの一部でありささやかなものであったものの、初代市役所は新開地の南、後に川崎兵庫造船所が立地するあたりに設けられた。この建物が手狭となったので、二代目市役所は新開地の西側の湊川神社近くに建てられ、昭和二〇［一九四五］年九月まで使われていた。

それが戦後になり、市政の中心であった神戸市役所も新開地周辺から三宮周辺へと移った。また、交通の結節点としても三宮が中心となり、人の流れも大きく変わっていくことになるのである。三宮周辺の興隆とは対照的に、新開地の衰退は押しとどめようもなかった。

さて、空襲でも生き残った神戸タワーであるが、記録によると、老朽化のために解体されたのは昭和四三［一九六八］年であった。わたしは高校二年生になっており、タワーが解体されつつあったことは記憶にある。

神戸市内の近代洋風建築を取り上げた神戸市教育委員会編『神戸の近代洋風建築』は、設楽貞雄の設計になる大輿ビル（旧内田汽船本社）――大正八［一九一九］年竣工、鉄筋コンクリート三階建の事務所建築――について「コーナー部分の表情に特に意が注がれた建物であり、都市景観に果たす役割は大きい。内部のアールヌーヴォー調のステンドグラスや外部蛇腹上の米字型のモチーフなどに新しい傾向も見られる」とし、大正九［一九二〇］年に完成した貿易商の西尾類蔵邸についても「（設楽建築事務所の仕事は―引用者注）多岐に渡る作品の中でも住宅作品に優れたものが多く、……その代表作に数えられる。……神戸の大正期の西洋館を代表するものとして貴重である」と高い評価を下している。

他方、同書は神戸タワーについては、設楽による設計であることにふれず、にべもないようなつぎのような指摘にとどまっている。

「建物において最も人を驚かせるのはその高さであることは今も昔も変わらない。大阪の通天閣、神戸の神戸タワー。いずれも市民の愛着は絶大なものがある。建築的にはそれほどではないが、やはり高さはその街の象徴となるからであろう。大正八年の大衆文化の高揚期に建てられ戦後も残っていたが、倒壊の危険がでてきたため取り壊された。明治以来の洋風文化が終焉し、戦後のモダニズムの精華ともいえるポートタワーにその座を譲ることになる。」

「建築的にはそれほどではない」ということでは、確かに、初代通天閣の凱旋門の上にエッフェル塔を乗せた通俗性からすれば、多少とも洗練はされているが、それでも灯台のようにも見える気がしないわけではない。

同じようなデザインのタワーは、昭和五［一九三〇］年一〇月に神戸で開催された神戸観艦式記念海港博覧会のときにもモニュメントとして建てられている。博覧会の第一会場となった兵庫突堤の四二メートルほどの記念塔がそれである。エッフェル塔のような曲線ではなく、神戸タワーのような直線的なタワーのミニチュア版という感じである。

さて、建築デザイン的にはどうということはなかったとはいえ、神戸に出現した当時日本一の高層建築である神戸タワーは、市民の関心を呼んだことは間違いない。だが、その割には、神戸新聞(*)や神戸又新日報(*2)といった地元新聞は、大正一三［一九二四］年三月四日に開業した神戸タワーについて、あまり報じていない。神戸又新日報の方は同年三月三日の小さな記事で、「新開地に六階の高層、神戸デパートメントストアーが落成した。一〇日頃開店……」と神戸タワーよりは遥かに低いデパートの落成式を報じている。

＊神戸新聞――川崎造船所創業者の川崎正蔵（一八三六〜一九一二）が明治三一［一八九八］年二月に創刊。翌年、松方正義蔵相の三男幸次郎が社長に就任し、反松方内閣の立場をとっていた神戸又新日報と激しい部数競争を繰り広げた。大正七［一九一八］年八月の米騒動では鈴木商店とともに焼き討ちにあった。大正半ばには川崎財閥から独立していくことになる。

＊2神戸又新日報（こうべゆうしんにっぽう）――明治一七［一八八四］年五月に立憲改進党系の政論新聞として第一号を発行。神戸新聞と競合した。昭和一四［一九三九］年六月に新聞統制によって休刊となった。

神戸デパートメントストアーは、神戸タワー近くの新開地本通りの真ん中あたりにあり、キネマ倶楽部と栄館に挟まれて、相生座の正面に建っていた。新聞記事のように、神戸タワーとほぼ同時期に営業を開始している。神戸又新日報の同年三月九日号には、大きな広告が掲載されている。「祝・神戸デパートメントストアー新築落成、三月一〇日、一階から六階までの売場の各主任一同」という文字の周りに、工事に関わったセメント納入業者、ペンキ店、大理石業、材木店、エレベータ工事事業者、家具、建築施工業者、ガラス商の名刺広告がみえる。

デパートということでは、白木屋がその前年の五月に神戸出張店を神戸デパートのすぐ近くの神戸実業銀行ビルの二階から六階までを借りて開業していた。神戸出張店はそれまでの土足禁止を土足入場とした日本で初めての百貨店となった。白木屋や神戸デパートが当初好調であったことで、神戸には、ちょっとした百貨店の出店ブームが訪れる。

大正一五［一九二六］年には三越が、昭和二［一九二七］年には大丸が、昭和八［一九三三］年にはそごうが出店した。ただし、白木屋は昭和二［一九二七］年に撤退している。ちなみに、三越神戸店は元町の西側にあり、三宮が昭和三〇年代に神戸の繁華街の中心になるまで、新開地との間にあって多くの客を集めた。わたしも両親に連れられていった記憶がある。六階建て——一部二階——の建物の入口にはライオン像があり、重厚な造りの店内とマホガニー材のような手すり、立派なエレベータを備えた、神戸のハイカラを代表する建物であった。大丸は元町に、そごうが三宮の鉄道のターミナル近くに立地したことで、それまでの興業を中心とした新開地とは異なる人の流れを作っていくことになる。

ところで、神戸タワー開業の広告というわけではないが、神戸新聞と神戸又新日報の三月四日号には、ともに「松井食堂」名でつぎのようなささやかな広告が掲載されている。

「湊川公園
　日本・神戸タワー開業
　　神戸タワーに於て
　　　松井食堂開業」

先述の三船清の昭和初期の新開地本通り地図によると、映画館の栄館と二葉館の間にも松井食堂があった。同じ経営者であったかどうかわからないが、その可能性もある。

当時の一般市民などの回想では、「東洋一の神戸タワー」という宣伝効果の影響があったのか、大人一〇銭、小人五銭――大人二〇銭、小人一〇銭という記録もある――の観覧料で、神戸市内はもとより天気の良い日には紀州あたりまで見られるということで、大阪などからも多くの市民が押し寄せたようである。

わたしの手元には年代の異なる神戸タワーの写真が何枚かある。開業当時には五階の建物の上にあるタワー部分には広告などはなかった。だが、昭和四〔一九二九〕年頃には、「ハーブ洗濯石鹸」や「ベルベット石鹸」の広告が見られる。昭和九〔一九三四〕年頃には、「特急大阪行・阪神電車」のネオンサインができている。こうした広告が登場したのは、その前年に阪神電車が岩屋から三宮まで地下鉄工事を完成させ、神戸タワーが立つ湊川公園まで乗り入れ可能――実現したのは戦後である――となったからであった。実際には、阪急や省線（国鉄、いまのＪＲ）のライバル線との関係もあり、この計画は頓挫した。実現されていれば、神戸の繁華街のその後の形成も異なったものとなったかもしれない。阪神電車の『阪神電車鉄道百年史』は、その事実だけをつぎのように伝えている。

「三宮―岩屋間の三宮地下鉄線敷設に関する出願は、神戸市会で調査・検討されたのち、一九三〇年六月六日に特許された。これを受けて阪神電鉄は、三一年二月一六日から岩屋―三宮間（二・九キロメートル）の軌道工事に着手し、三三年六月一七日に完成させた。……一九二四年［大正一三］年一〇月七日、阪神電鉄は神戸市内延長軌道施設特許申請書を提出し、神戸市内の中心部にあたる湊川・元町地区への乗り入れを出願した。この出願はすでに神戸線を開通させていた阪急が、終点を上筒井から三宮まで延長しようとする動きをみせ、それへの対抗策としての意味合いをもっていた。

当時、神戸市の中心地は省線三ノ宮駅（現在のJR元町付近）が立地していた元町側にあり、湊川公園付近は繁華街・新開地として殷賑をきわめていた。……阪神電鉄は、三四年九月に乗り入れ予定地である湊川公園のタワーに二万円を投じて、『特急大阪行阪神電車』の大ネオンサイン広告を出すなど、市民に印象づけることに成功していたが、結局、湊川への乗り入れは実現しなかった。」

さて、神戸タワーに関する新聞広告を見てみると、昭和三［一九二八］年七月二九日号の「神戸新聞」に興味ある広告が登場する。神戸タワーの四階と五階に動物園が出来たのである。広告にはつぎのようにある。

「夏休みになる少年少女へのお知らせ、神戸タワーの動物園。皆さんと仲よしで、おなじみの湊川名物神戸タワーの四階五階へ今日から小動物園を開きました。頂上へおのぼりの方は無料でお見せいたします。お出でください。涼しいタワーへ。御覧ください。珍しい世界の動物を！」

では、どのような小動物がいたのか。広告には、ゴールデンキャット（金山猫）、金猫（山猫、アメリカ産）、ジャッカル（狼、ビルマ産）、チベット狼、マングース（毒蛇）、カワウソ（支那産）、ハイエナ（縞狼）、大トカゲ、大蛇、穴熊、大ワニ、狸、ペリカン、大フクロウなどとある。当時の少年・少女がこれらの動物を見たいと思ったかどうか、わたしには想像がつかない。

新開地アートプロジェクト編『湊川新開地ガイドブック』は、神戸タワーを知る古老の回想を紹介しつつ、神戸タワーについて「湊川新開地のシンボル・神戸タワーの建設と解体の時期は、それぞれこの町の大変貌の時期と重なり合っている」と前置きした上で、つぎのように神戸タワーの四四年間を締めくくっている。

「建設された大正一三年は、湊川公園に音楽堂もできて町全体が華やいだ成熟を見せ、まもなく神戸有馬電気鉄道の湊川駅も開設されて（昭和三年）、新開地は昭和の黄金時代を迎える。解体された昭和四三年は、神戸高速鉄道が開業し、阪神・阪急・山陽・神鉄の路線がつながって新開地がターミナルとしての存在意義を失い、人の流れが途絶えていく時期である。四四年間、公園の西隅にそびえながら、塔は何をみていたか。」

わたしの世代が知る神戸タワーは、老朽化のために周りをブリキ塀で囲まれ、廃墟のような不気味な存在であった。有島二郎は、神戸タワーが解体される四年ほど前に、『歴史と神戸』に神戸タワーを詠った「神戸タワー挽歌」を投稿している（神戸史学会編『歴史と神戸』第三巻別冊三、昭和三九［一九六四］年発行）。

早春の雲よぎるとも塔の窓光り発たざり昂ぶりて仰ぐ
陰影をそれぞれ宿し荒廃の埃しづもれり塔の階のぼる
咳込めば反響崩る朽ちゆくかタワーの内部重く冷たく
塔の内光り届かぬ片すみの瓶に花もる桃の小枝は
さらぼいて塔の根方に飯を炊く歴史の外を尚生きんとし
振りあおぐ人はなけれども今日もまた塔上めぐる春の残照

ところで、神戸タワーの所有はどのようになっていたのだろうか。朝日新聞社神戸支局編『ミナト神戸』には、神戸タワーは地元市民の共同出資で建設されたと記されている。それが会社形式であったのか、地元の団体という組織で建設され所有されたのかについては何もふれられていない。神戸市や兵庫県の関係部署に何度も問い合わせたが、詳しい記録は残っていないという。

ただし、その後については、兵庫県の資料などに、昭和一二〔一九三七〕年三月に、兵庫県消防協会が神戸タワーを買収したとだけ記載されている。敗戦後、神戸タワーが兵庫消防所の望楼として使われていたことは複数の資料の記述にある。しかし、兵庫県消防協会がだれから買収したかは記されていない。最初の所有者がだれであったか、いろいろと資料を調べてみたがよくわからない。

戦後については、神戸電鉄が所有した。大正一五〔一九二六〕年に湊川と温泉地有馬を結ぶ鉄道として設立された神戸有馬鉄道と、昭和一一〔一九三六〕年に設立された三木電気鉄道が昭和二二〔一九四七〕年に合併したできたのが神戸電気鉄道であるが、その『神戸電鉄五〇年のあゆみ』には、社業の多角化として、湊川温泉と神戸タワーを買収したことについて、つぎのようにふれられている。

「社業の多角化を講ずることになり、まず二二年には公園ホテル、湊川温泉の経営に乗り出し、二六年には神戸名物の神戸タワーを買収するなど、湊川を中心とするレジャーセンターの建設に着手した。」

湊川実業株式会社が所有する公園ホテルと湊川温泉を買い取って、神戸電鉄は別会社をつくり、公園ホテル――鉄筋コンクリート四階建て、客室三一室――の経営に乗り出している。湊川温泉の建物は一時、兵庫警察署に賃貸していたが、同署の移転により、別会社――湊川温泉興業株式会社――をつくり、浴場と映画の組み合わせた大衆娯楽場としている。わたしの手元にある湊川温泉の昭和四〇年前後の写真には、派手なネオンサインとともに「温泉劇場」の看板が掲げられている。その周辺には古本屋も軒を並べていた。

わたしも小学生のころに父母に湊川温泉へ連れて行ってもらった記憶がある。陳舜臣は『神戸というまち』(昭和四〇［一九六五］年刊)で、新開地と湊川温泉についてつぎのように記している。

「新開地は見栄抜きの、庶民の遊び場である。あけっぴろげの気安さがあり、夏にはステテコ姿の紳士が白昼徘徊する。この通りのファンである常連のことを、カイチ・マンと呼ぶ。三宮の虚栄をせせら笑うカイチ・マンは多い。湊川温泉劇場といって、百二十円払えば映画をみて風呂にはいれる場所がある。これなどは新開地の誇りであろう。営業は朝の六時半から夜の一二時まで。筆者のこどものころからあったが、ひょっとするとヘルス・センターの元祖かもしれない。」

湊川温泉は家族連れでいつも賑わい、温泉からの帰りに、古本屋街で立ち読みをする人たちも多かったことは、わたしの記憶にある。神戸の南蛮美術館や市立博物館の館長を務め、明治・大正の神戸の古い写真などのコレクターでも知られた荒尾親成は、『明治・大正神戸のおもかげ集』で、「戦後一時、五〇余年を経て今もって新開地とはおかしい、よろしく賑開地に文字を変更すべしとのメイ案も出ていたが、いつの間にか立ち消えてしまった」という戦後の神戸市民の「声」を紹介している。

だが、陳が湊川温泉のことを書いていたころから、かつての賑わいにも影が差し始めていたのではないだろうか。神戸タワーは阪神電鉄が買い取ったが、その六年後に藤原造機という企業に売却したと前述の『神戸電鉄社史』は記している。その経緯については全くふれられていない。

現在、神戸タワーが立っていた前に神戸兵庫ライオンズクラブ・湊川公園活性化委員会の寄贈――昭和六〇［一九八五］年六月一五日――によるカリヨン塔があるが、そこには次のような銘版がはめられている。

「かつて、新開地は神戸一の繁華街として栄え、その中心・湊川公園には繁栄のシンボルとして神戸タワーがそびえ立っていました。このタワーからは神戸市内がくまなく展望でき、晴れた日には遠く紀淡あたりまで眺望できるというので、東洋一だと神戸っ子のもっぱらの自慢でした。この度、湊川公園周辺地区活性化の一環として新開地が往時のように繁栄することを願い、この公園に神戸タワーを模した時計塔を建設しました……」

この時計塔の反対側には、市電や多くの人びとの行き交う活気のあったころの「昭和初期の神戸タワー（高さ九〇メートル）」の写真と、「神戸タワーは大正一三年三月に建設され神戸一の繁華街、新開地のシンボルとして多くの市民に親しまれた。昭和四三年老朽化のため取り壊された」という銘版がはめ込まれている。

作家の陳は神戸タワーが解体・撤去される数年前に神戸タワーや湊川公園を訪れ、その印象をつぎのように記している（前掲『神戸というまち』）。

「楠公像のそばに、神戸タワーが、前世紀の遺物としてそびえている。きくところによると、この高い塔は神戸でももてあましものだそうだ。なにしろ古い建造物でもあり、消防の物見ヤグラとして以外、なんの役にも立たない。文字どおり無用の長物と化している。……タワーは一時は広告塔の役をつとめていたこともあるが、いまはその広告文字も剥がされ、よけいにうらぶれたかんじがする。そういえば、新開地そのものが、剥がされたような盛り場になった。とにかくわびしすぎるのである。」

新開地地区がいまも活況を呈していれば、銘版にあるようなノスタルジックな文章が刻まれたりはしない。このころからすでに四半世紀経過したいまの新開地・湊川地区の衰退は否定しようもない。時計塔が見下ろす新開地本通りを歩くと、かつて新開地の中心にあった映画や観劇の宣伝によく使われ、年配の神戸市民ならお馴染みの「ええとこ、ええとこ衆楽館」と同じコピーの「ええとこ、ええとこ新開地一丁目」という看板がアーケードにみられる。それは、何かここだけが昭和初期のまま時間が止まったような感じでもある。

三丁目にあるラーメン屋——中華そば——には、かつての神戸タワーをレトロに描いたやや色あせたポスターが看板代りに貼ってあった。いまや神戸タワーを知る人は地元でも少ないだろう。

神戸タワーをめぐるこのようなはなしは、地域経済のあり方についてわたしたちをすこし感傷的な気持ちにさせるとともに、神戸という都市経済のなかにおける地域の興亡のモーメントが何であったのかという思いをわたしたちに起こさせる。神戸タワーをめぐる興亡は、神戸タワーが建設された湊川地区の光芒そのものを象徴しているのである。

神戸と港湾形成小史

神戸という都市の形成発展のあり方は、とりわけ、港湾都市としてのそれを物語っている。神戸という新興都市の形成は日本の他の港湾都市と同様に、嘉永六［一八五三］年六月の黒船来航によって、創始されていく。ただし、この年に米国東インド艦隊司令長官マシュー・ペリー（一七九四～一八五八）率いる黒船が神戸に来航したわけではない。

神戸を新興都市といったが、前節で述べたように港湾都市としての兵庫の歴史は実ははるかに古い。開港前まで、神戸はなにもない寒村であったわけではない。隣の大阪と並んで後背地に京という都をもつ神戸は、奈良朝以前から瀬戸内海を通って物資や人が移動するのに便利な土地であった。大阪と神戸は明治維新後の分県制度で別々の行政地域となったが、元来は一続きの港湾地域としてとらえられ、摂津と呼ばれてきた。

摂津の港がなければ灘五郷の酒が江戸などで有名になることもなかったであろう。関西での酒造は、伏見、池田、伊丹、西宮などで盛んであったが、内陸部では輸送面で必ずしも有利ではなかった。その後、灘でも酒造りが行われるようになる。灘では六甲山系の伏流水を利用するとともに、播摩や丹波の良質米を使って、農閑期に丹波や但馬の杜氏たちが競って高品質の清酒を作り始めた。

灘が有利であったのは醸造された酒が、海路、樽廻船で最大の消費地江戸に直送されたことであった。いまの御影あたりにはこうした樽を扱う問屋が多く立地した。山間地が多く、陸上交通が発達しなかった日本では、樽と海上交通が大量輸送の大きな鍵を握ったのである。

ところで、神戸という地名は、現在の神戸市の中心となっている生田神社周辺の神封戸（かんべ）——神社への寄進地——であった、三ノ宮駅から元町駅にかけての通称「かんべ（神戸）村」から来ているのであろう。この地域は摂津の港として発展し、平清盛はその西にある港——大輪田泊——を貿易の拠点として開発している。この地域が良港としての潜在性があった証左でもある。

さて、ペリー・ショックの一年すこし後の安政元［一八五四］年九月、ロシア極東艦隊司令長官のエフィム・プチャーチン（一八〇三～八三）が大阪湾にその姿を現し、天保山沖に停泊した。神戸あたりから怖いもの見たさで出かけた人たちもいた。神戸に船舶修理のためのドックが設けられたのはこの翌年である。

建設したのは、二つ茶屋村——現在の神戸市中央区元町当たり——の呉服屋に生まれた網屋吉兵衛（一七八五～一八六九）であり、周りの反対を押し切り、家業を長男に譲ったうえでドック——満潮時に船を入れ陸揚げして木船の天敵であるフナクイムシなどの駆除をおこなう乾式ドック施設——に着手した。新しい時代の到来を予測し、多大のリスクを覚悟で新事業に乗り出した起業家精神あふれる人物であった。

当時はいまと異なって、土木機械などない時代である。土木建設工事はほぼ手作業といっていいようなものであり、作業は難航したようである。ドック建設はなんとか無事に終わったが、吉兵衛はすでに七〇歳代半ばであった。その後、吉兵衛は工事代金などの借財の返済に苦労をしている。現在、この神戸初のドックの跡には「顕彰碑・網屋吉兵衛」が建っている。碑文にはつぎのようにある。

「七二歳にして安永新田（現新港第一突堤付近）の船たで場（船底の貝殻や船虫などを焼く場所）の建造に着手、苦節三年大願成就す。文久三年（一八六三年）時の将軍家茂公が小野浜に上陸の際『この地は港に最適でございます』と進言す。後年この船たで場は勝海舟の幕府海軍操練所となって神戸港の夜明けを迎え今日の繁栄の基礎となる。」

神戸港——当時は、兵庫港——の開港が正式に決定されるのは、網屋吉兵衛がドック建設に取り掛かってから一二年後の慶応三〔一八六七〕年のことであった。改めて、わたしたちは網屋吉兵衛の先見性に着目しておいてよい。もっとも、この決定がなされるまでには、かなりの紆余曲折があった。背景には日本における開港をめぐる「尊王攘夷」というナショナリズム運動があった。

米国初代駐日公使となったタウンゼント・ハリス（一八〇四〜七八）が安政五〔一八五八〕年一月に幕府に兵庫開港などを要求した。幕府はこの要求に折れ朝廷の勅許を待たずに、五か月後に日米修好通商条約を締結し、四年後の文久二〔一八六二〕年に函館港、新潟港とともに兵庫開港の五年間延期の外交交渉をしている。顕彰碑に「文久三年（一八六三年）時の将軍家茂公が小野浜に上陸の際『この地は港に最適でございます』と進言す」とあるのは、幕府の交渉の翌年、将軍家茂（一八四六〜六六）が摂津国神戸村——当時の呼び名

——を防備視察に訪れた時のことであった。

幕府軍艦奉行の勝海舟（一八二三～九九）の建議によって海軍操練所が文治元［一八六四］年五月、神戸に設けられ、同年六月には湊川の海岸と和田岬に砲台が完成している。慶応三［一八六七］年四月、幕府は「兵庫大坂外国人居留地規定書」を定め、外国人居留地を神戸村、二ツ茶屋村、走水村の三か所に設定した。

前述のように、兵庫開港が正式に決定——勅許——されたのは、慶応三［一八六七］年五月のことで、最後の将軍となった徳川慶喜（一八三七～一九一三）による大政奉還はこの五か月後であった。実際の兵庫開港は明治元［一八六八］年元旦のことであった。開港場に運上所——税関業務などだけではなく外国人との交渉全般の役所である。明治六［一八七三］年、税関に統一される——が設けられた。現在、神戸税関近くにつぎのような記念碑が建っている。

「神戸税関の前身である兵庫運上所は　一八六八年一月一日　兵庫港開港とともに　この地に開設された。開設一三〇年に当り　神戸港の更なる発展を祈って記念碑を建立する。平成九年十一月　神戸税関」

神戸市広報課編『こうべ—特集みなとの一二〇年（上）—』（一九八六年一二月号）にある「神戸港年表」は、兵庫開港に伴う運上所についてつぎのように当時の人たちの様子を伝えている。

「運上所は神戸で初めての洋館で、窓にガラスがはめられていたのが珍しく、ガラスに日光が反射するのを見て人々は〝ビードロの家〟といって驚嘆した。ちょうどそのころ、天から神符が降る騒ぎの最中であったので、老若男女ともに『エエジャナイカ、エエナジャナイカ』と街を踊り歩いた。」

ビードロの家＝運上所が実際に第一波止場で業務を開始するのは翌年あたりからで、第二波止場あたりに支所も設けている。これは新しい波止場建設にともなう措置であった。神戸の観光スポットとなっているメリケン波止場――米国領事館があり、アメリカンがメリケンとなったようである――が第三波止場、宇治川の海岸が第四波止場となった。

以後、神戸の経済は港湾整備の充実とともに発展することになる。明治四［一八七一］年二月に、西運上所が置かれた第二波止場の大規模な改修工事が、氾濫が続いた生田川の付け替え工事とともに行われ、輸出港としての神戸の重要性は増していく。

当時、神戸港の貿易管理は居留地の外国人が行っていた。自らも船長の経験をもち、初代の神戸港長となった英国人ジョン・マーシャルは兵庫県庁に高波や風雨に強い築港の必要性を説いた「神戸港湾計画」を提出するが、すぐには受け入れられなかった。だが、やがて徐々に、マーシャル案が実行されることになった。神戸港の波止場の本格的な増改築工事が着工されたのは明治二九［一八九六］年であり、二年余をかけて完成している。この年、日本への輸入額の過半は神戸港を経由するようになっている。

神戸の港湾都市の発展は造船業にも大きな刺激を与えることになる。工部省が現在の神戸駅の南側の海岸に兵庫製鉄所（加州製鉄所）――のちに、兵庫製作所、兵庫造船局を経て兵庫造船所に改称――を起こし、修理用ドックを建設したのは明治四［一八七一］年四月のことであった。政府事業ということでは、この兵庫製鉄所とは別に、鉄道寮――のちに鉄道省――が、明治七［一八七四］年五月に開通した大阪とを結ぶ鉄道の神戸停車場――神戸駅――近くに、蟹川船渠を建設、翌年には桟橋に鉄道を架設している。

外国人による造船所建設ということでは、横浜居留地を経て開港した神戸の興隆を期待してやってきた英国人エドワード・ギルビー（生年不詳～一八八三）が、明治一一［一八七八］年に他の英国人と小野浜鉄工所を起こした。しかし、経営的に行き詰り、最終的にはキルビー単独での設立となった。この造船所は日本初の鉄製蒸気船を建造したものの、結局うまく行かず、海軍省が明治一七［一八八四］年に買い取っている――のちに呉海軍工廠に移管され廃止――。これはギルビーが海軍省から受注した軍艦の建造を完成させる必要があったためであった。

この間も神戸の港湾整備――埋め立て工事を含み――が進み、貿易の発展と相俟って、船舶需要は高まりつつあった。民間人による本格的な造船業は明治一九［一八八六］年に始まる。

鹿児島出身で郵便汽船業や貿易業などで力をつけていた川崎正蔵（一八三六〜一九一二）は、日本における貿易業の発展による船舶需要の増大と造船業の将来に目を付け、明治一一［一八七八］年に築地造船所――のちに閉鎖し、神戸に移管――を起こした後、神戸にやってきている。

川崎は明治一三［一八八〇］年に兵庫川崎造船所を開業し、その六年後に先にみた工部省兵庫造船所の払い下げを受け、積極的な拡大策をとり、明治二〇［一八九七］年に川崎造船所を設立した。他方、川崎造船所と並んで神戸の二大造船所の一つとなる長崎の三菱造船所は、明治三八［一九〇五］年に和田岬――現JR兵庫駅の南側――に当初、船舶修理専用のドックを建設し、第一次世界大戦による船舶需要の急拡大に応じて船台を拡大させた。造船業については、あとでさらにふれることにする。

さて、神戸の港湾設備についてである。明治時代を通じて小規模に行われてきた防波堤、突堤などの工事は大正に入ってからはより大規模に取り組まれることになる。風雨による影響を避けるには防波堤の建設が不可欠であり、和田岬の防波堤は明治三四［一九〇一］年から五年の歳月をかけて工事が行われた。明治四〇［一九〇七］年には「神戸港第一期修築工事」の予算が帝国議会を通過した。八年間の完成計画であった。

当時は、日露戦争への戦費支出が日本の国家財政に大きな負担となっていた時期である。神戸と並んで日本を代表する貿易港として発展が期待された横浜港は、その築港計画費用をすべて国家予算とすることは困難となっていた。地元の負担もやむなしという結論になっている。「神戸港第一期修築工事」の予算が帝国議会を通過したころ、原内務相時代の港湾調査会は全国の港湾を等級化している。

近代港には大型船が接岸できる岸壁、上屋や保税倉庫、起重機、鉄道輸送のための引込み線、税関事務所などの整備が必要であり、その投資額も大きかった。横浜と神戸、中国を対象とした関門海峡とロシアを対象とする敦賀が国家経営による第一種港湾に指定されている。大阪、東京、長崎、新潟などは第二種港湾に指定された。

神戸港の事案計画は、旧生田川と旧湊川の間に新たに四つの突堤を建設するものであった。第一期工事が小野浜埋立地で始まり、倉庫など上屋一八棟、沖合に一・二キロメートルほどの防波堤、鉄道引込み線などが建設された。

その後も、神戸港の沖合には五キロメートルにわたる防波堤に加え、上屋や荷上場、鉄道引込み線が建設され、大正一一［一九二二］年には付け替えられた新生田川に面した場所に第五突堤、三年後には第六突堤の建設が開始されている。大正一二［一九二三］年には、新湊川に近い場所に兵庫突堤――第一と第二――の工事が始まっている。

開港以来神戸港の歴史は築港史であり、突堤と防波堤の絶えまない建設史でもあった。大正一〇［一九二一］年三月には、神戸開港五〇周年式典が行われ、花電車、仮装行列などが行われた。当時の写真からは市章が入った提灯が街のあちこちに掲げられていることがわかる。これは明治四〇［一九〇七］年に市会で制定されたものである。

そして、神戸の湊川公園に神戸タワーが開業した大正一三〔一九二四〕年には、神戸は日本を代表する港湾都市となっていた。神戸港からは、当初は居留地の外国人商社を通して茶など日本の在来産業製品が、やがて近代移植製品としての綿製品、さらには神戸の代表的産業となるマッチ、ゴム製品などが輸出されていった。明治の終わりにはブラジルへ向けて日本人移民などが神戸港から旅立っていった。

神戸港は神戸タワーが完成する前年に、内務省から重要港湾指定を受けている。神戸タワーはこうした港神戸の歴史を象徴したともいえよう。

明治二二〔一八八九〕年四月に神戸村、兵庫村、坂本村、葺合村、荒田村を統合した神戸市が作られた。当時の人口は一三万人余りであった。大正四〔一九一五〕年には須磨町が神戸市に編入されている。人口は六一万人ほどになった。神戸市の人口が百万人を超えるのは昭和一四〔一九三九〕年のことであった。

この須磨という地域は、源平合戦でも知られるように、前に須磨海岸、後ろにすぐ山がそびえるような風光明媚な場所である。明治二一〔一八八八〕年に山陽鉄道が須磨まで開通すると、大阪などとの交通の便も良くなり、神戸の郊外住宅地として須磨は急速に発展することになる。

その後、明治四〇〔一九〇七〕年に宮内省が須磨に新たに武庫離宮——現在の須磨離宮——を造営し、約六年の歳月をかけ、大正三〔一九一四〕年に完成させた。この後、武庫離宮を中心とする地域は高級住宅地となり、神戸の財界人の住宅が作られていくことになる。設楽はそうした財界人の洋風の住宅や別荘の設計に、明治四〇年代から大正半ばにかけて多忙な日を過ごしている。

たとえば、官僚出身で山陽鉄道の総支配人を務めた牛場卓蔵（一八五〇～一九二二）、神戸区長——いまでいえば神戸市長——を経て、神戸商法会議所の会頭、山陽鉄道の重役、神戸市電などの創設に大きな役割を果たした村野山人（一八四八〜一九二一）、神戸で海運業を起こし、損害保険会社、銀行業へと事業を拡大させ、神戸財界の祖といわれるようになる岡崎藤吉（一八五六〜一九二七）、神戸の貿易商であった西尾類蔵などの住宅である。

このうち、現存しているのは西尾邸のみであり、神戸離宮公園のすぐ近くにほとんど当時の姿のまま、レストランとして活用されている。岡崎邸は、現在の離宮公園の半分近くを占める植物園の広大な敷地に建てられていた。

神戸と産業形成の間

川崎造船所と三菱神戸造船所は神戸の主要産業としての造船業を発展させていくことになる。大正時代の、諏訪山から神戸の市街地をとらえた写真に必ずと言ってよいほど登場する川崎造船所のガントリークレーンは、川崎正蔵の後に社長となった松方幸次郎（一八六五〜一九五〇）――松方正義の三男――の時代に、巡洋戦艦「榛名」を受注した折、既存のクレーンでは建造困難とみて、ドイツから輸入して大正元［一九一二］年一一月に完成させたものである。その数年後に訪れた造船ブームによって川崎造船所は大躍進することになる。

大正四［一九一五］年には、当時の日本には珍しかったガス溶接に着目し、川崎造船所のすぐ近くで株式会社東出瓦斯溶接工場が生まれている。その後、この工場は東出鉄工所と改称され、中堅造船所――現、神戸船渠（ドック）工業、その後、民事再生法の適用を申請――となっていく。川崎造船所や神戸船渠が立地した周辺には、造船関係の機械金属加工などの町工場も生まれることになる。

元々、この地域は江戸時代から木造船がつくられていたこともあって、近代造船工業へと移行するのに十分な潜在力があった。神戸市が作成した明治後半の統計によっても、この地域には和船業者、船具、釘、リベット、鋲螺などの業者が立地していたことを確認できる。その後、川崎造船所などの成長によって、その下請加工を行う業者も増加していった。

造船関連の下請工場群ということでは、三菱神戸造船所が立地した和田岬にも、三菱と下請関係をもつ機械金属加工業——製缶、造船金物、船舶部品など——の工場が生まれていく。やがて、この地域には、造船だけではなく電気機器関連の工場も多くなっていく。これは大正一〇［一九二一］年に、三菱神戸造船所の電気機器製作部門が独立して、三菱電機が生まれたことによる。同社は三菱神戸造船所の隣に製作所を構えており、変圧器、電動機、配電盤、発電機などを手掛けていくことになる。

造船以外ということであれば、川崎造船所が明治三九［一九〇六］年に車輛部門——機関車、貨物車、客車——の専門工場をこの地区に設けて、その後、鉄道車輛に関連する機械金属加工の工場群が形成されている。

ここで私事にふれる。わたしの生家はこの神戸船渠近くの島上浜からすこし離れた鍛冶屋町——昔、鍛冶屋が多く住んでいたことに由来している——である。その周辺には倉庫業、海運業や陸運業を営む業者が多かった。

わたしの父は、故郷の香川県小豆島から機帆船で送られてくる醤油などをたくさんの仲仕——醤油ビン一二本入りの木箱を肩に乗せて運ぶような人海戦術であった——を使って船から陸揚げし、関西一円の卸売業者などにトラックで配送する陸運業を営んでいた。小豆島への帰り荷には、北海道産の昆布などを卸売業者から受け取り輸送していた。こうした昆布は小豆島の醤油で佃煮などに加工され、醤油のもろみ食品とともに再び神戸へと返ってきて、父の会社のトラックなどで卸売業者へと運ばれていたのである。

父の会社の事務所の左対岸にあったのが神戸船渠であり、真正面には川崎造船所のドッグ群と大型クレーンがあった。わたしはこうした造船所を毎日見ながら育った。この神戸船渠は西出町にあったが、これは昔ながらの入り浜であった「入江」――ちなみにわたしは入江小学校に通った――のちょうど西あたりにあったことに由来している。その東が東出町という地名であった。中学校のころの同級生のなかには船大工町から通っていた者もいた。いうまでもなく江戸期に船大工が多く住んでいたところである。

淡路島で生まれ、一八歳で一念発起して兵庫の港へ出て廻船業者としてだけではなく、北海道の北洋漁業のための航路開拓で成功したものの、ロシア船に拿捕され苦難の末に帰国した高田屋嘉平（一七六九～一八二七）は、西出町――入江小学校のすぐ裏――に住んでいた。船大工が高田屋など廻船業者の船の修理などを行っていたのである。

三菱造船所、川崎造船所や神戸船渠などがあって、軍事関連の工場となっていた神戸には、かなりの空襲があった。わたしの通っていた中学校は三菱造船所が近いこともあり、その周辺は空襲で被害にあっている。だが、西出町や東出町は戦災を逃れており、わたしが小学校に通っていたころには小さな路地に戦前来の建物が残っていた。

同級生の親兄弟には川崎造船所や神戸船渠で働いている人たちが多かったし、父親が鉄工所をやっているところでは、土間に工作機械を置いて船具や船舶部品などの加工をやっていた。船具の製造だけではなく、船具販売などの店を営む同級生の家も多かった。川崎造船所やその関連工場などの従業員を相手にしているような雑貨店、飲食店、食料品店が川崎造船所から神戸駅にかけてたくさん存在していた。その先にあったのが新開地であり、湊川公園であり、そこに神戸タワーが立っていたのである。その後の新開地の地盤沈下については、すでに述べた。

ここで神戸の港湾と産業との関係にもどっておけば、神戸の造船業は神戸港の発展と軌を一にしたといっても、その歩みは順風満帆なものでは必ずしもなかった。そこには日本の国内船舶需要に加え、技術や製造コストに関わる日本の造船業の国際競争力の問題があったからであった。このため、明治二九［一八九六］年に「造船奨励法」や「航海奨励法」が制定された。

造船奨励法は鉄鋼船の製造に関して政府から補助金を支給することを定め、国産造船の振興を狙った。他方、航海奨励法は船主に対して国産造船を選択させるための補助金の支給であった。このほかにも、政府は特定航路への特別補助金などを船会社に対して支給した。にもかかわらず、外国製造船に対して国産造船の優位性を確保することは困難であった。

政府の悲願は民間造船所による商船などの建造を通じての造船業振興であったが、実際には軍事用艦艇に大きく依存せざるをえない構造がそこにあった。そうした中で、三菱造船所や川崎造船所だけではなく、中小造船所もふくめて日本の造船業がようやく安定するのは、第一次大戦期の世界的な船舶需要の高まりによった。

なお、川崎造船所は明治三九［一九〇六］年に造船用鋳鋼品の製造専門工場を設立している。第一次大戦中には、いままで輸入していた鋼材が入手困難となり、八幡製鉄所の技術指導を受けて、造船用鋳鋼品工場——のちの川崎製鉄——で造船用の中厚版、高張力鋼板の本格的生産に乗り出している。その後、大戦需要が激減するなかで、川崎は厚板を圧延ロールで薄板に加工する技術を確立し、鋼板メーカーへと発展していくことになる。

この時期、従来の三菱、川崎、大阪鉄工所――のちの日立造船――という先発の造船業者だけではなく、日本汽船が大阪鉄工所に、山下汽船が浦賀船渠に、日本郵船が横浜船渠に出資し造船業に参入した。また、こうした海運会社だけではなく神戸の鈴木商店も播磨造船所を買収したり、三井物産が造船部門を設けたりしている。従来の機関から船舶製造までの一貫生産ではなく、機関だけを製造する業者も生まれてきた。たとえば、鈴木商店系の神戸製鋼所、大阪の久保田鉄工などは船舶用エンジンの製造に乗り出している。

しかしながら、第一次大戦の終結による反動不況に日本の造船業界も見舞われることになる。三菱や川崎といえども、過剰生産設備の活用に困り、陸上部門へと多角化を図ったりしているが、必ずしも順調ではなかった。造船だけについてみると、三菱の場合、商船の建造高は大正七［一九一八］年から大正九［一九二〇］年の四・五万トンから五万トンあたりをピークとして、大正一四［一九二五］年には七・五千トンまで縮小している。この減少を補ったのが軍事需要の艦艇であった。神戸タワーが完成した大正一三［一九二四］年では、商船が九千トンで、海軍省から受注した艦艇が七万トンとなっていた。

他方、川崎造船所の場合も同様で、商船については大正八［一九一九］年が約二〇万トンとピークであり、翌年はその三九％に大幅減となった。大正一三［一九二四］年の商船は約六千トン、艦艇は大正一一［一九二二］年のワシントン軍縮会議による補助艦重視の海軍建造方針の影響から、約一万トンにとどまった。

それでも艦船建造の老舗であり、技術力を有する三菱や川崎であったからこそ、第一次大戦後の反動不況のなかでも生き残っていくことができた。経済学者の木村隆俊は『一九二〇年代日本の産業分析』でこの点について、「三菱・川崎の二大造船会社は経営的にみて軍需への依存度が極めて高い。国家発注を独占することで、経営的に安定しえていたのである。軍艦艇の建造は経営的にも極めて有利であった」と指摘する。両社のその後の建造トン数の推移をみると、満州事変が起こった昭和六［一九三一］年に、軍事費拡大による艦艇発注増や政府の老朽船の廃船と新造船への補助金交付によって船舶需要が再び拡大したことで、増加に転じて行くことになる。

さて、港湾都市として発展した神戸は、貿易業に関わる産業を発展させていった。これには二つの側面がある。一つは輸出面で、輸出商品を中心とした製造業や商業が発達していった。他方、輸入面は神戸が窓口となって日本市場に商品が紹介され、やがて輸入代替の国産化にともなって製造業が発展していった。この場合、輸出と輸入はコインの裏表のように密接な関係が見られた。たとえば、輸入代替＝国産化からさらに進んで輸出産業となったケースに、マッチ工業がある。これについてはあとで取り上げるとして、まず、神戸を中心とする貿易業をみておこう。

なんといっても神戸の貿易業者を代表するのは鈴木商店である。現在の埼玉県川越市に足軽の子として生まれた鈴木岩次（治）郎（一八三七〜九四）は神戸にやってきて、奉公していた大阪の米問屋の兵庫弁天浜にあった出店の一つを譲り受けて鈴木商店を開いた。明治七［一八七四］年のことであった。当時は、大阪と神戸の間にようやく待望の鉄道が開業し、文明開化の象徴であるガス灯が外国人居留地に灯ったころである。

鈴木岩次郎は神戸港に輸入される砂糖の取引から事業を始め、やがて樟脳、ハッカ、灯油などにも手を拡げたが、本格的な事業展開の半ばで病没した。後継者となったのは姫路の漆商の娘で、岩次郎が再婚していた鈴木よねで、よねは金子直吉（一八六六〜一九四四）などと鈴木商店の経営にあたることになる。鈴木商店の大躍進のきっかけとなるのは、台湾の樟脳の独占に近いような販売権を得たことであった。

鈴木商店は樟脳の販売だけではなく、製造にも乗り出すなど積極的な拡大策を実施している。他方で、砂糖などを直接買入れするためロンドンに支店を設けるなど、商店から商社への転換も図っている。鈴木商店は貿易業からスタートしたが、金子直吉の下で、製糖、製鋼、セルロイド、製粉、製塩など製造部門へも積極的な事業展開を行っている。のちに海運業にも進出し、また、ロンドンを中心とした三国間貿易も開拓した。

鈴木岩次郎が徒手空拳から創始し、鈴木よねや金子直吉らによって継承され、いわゆる独立系の商社として発展してきた鈴木商店の売上額は大正六［一九一七］年に、政商系の三井物産のそれを凌駕した。しかしながら、第一次大戦後の反動不況、さらには大正一二［一九二三］年の関東大震災、その後の昭和二［一九二七］年の金融恐慌による台湾銀行との関係の破綻によって、鈴木商店は破綻することになる。

明治が終わろうとしていた時代に生まれたわたしの父なども、この鈴木商店の破綻のショックをよく語っていた。当時、十代後半であった父にも飛ぶ鳥を落とす勢いであった鈴木商店がこのようなかたちで終焉することは予想外であったにちがいない。父が、十代のころの記憶として語っていたのは、米騒動と鈴木商店との関係であり、鈴木商店は神戸新聞社とともに焼き討ちにあっている。かつて鈴木商店の本店があった場所を通るたびにそのことをよく話していた。

大正七［一九一八］年、第一次大戦の勃発による諸物価高騰の影響を受けて、米価も投機が絡んで急騰し始めた。日本もシベリヤ出兵を打ち出したことで、米穀流通業者の思惑もあり、投機がさらに過熱化し、米価は急騰した。八月には富山県の主婦と警察の小競り合いから、騒ぎは全国に波及した。警察や軍隊が出て、一時的に騒ぎを鎮圧しても、米価そのものが引き下げられたわけではないから、結果として、そうした対応は火に油を注ぐことになった。

米騒動は名古屋や京都、大阪、そして神戸に飛び火した。名古屋では市民と警官の乱闘騒ぎで、市民側に多数の負傷者が出たことから、騒ぎはさらにエスカレートした。その少し前に開催された関西府県連合共進会の会場として整備された鶴舞公園には、警察の暴力に抗議して市民数万人が集まったという記録も残っている。大阪でも天王寺公園で同じような集会が開かれ、米屋が襲われる大騒ぎとなっている。放火も相次いだ。神戸でも同じような騒ぎが起きるのは時間の問題であった。

米価は、神戸でも一週間で二倍近くに跳ね上がった。神戸又新日報の当時の記事も、神戸での異常な米価の上昇を報じている。危機感を強めた神戸市は鈴木商店から外米を急遽手に入れ、市内に設けた販売所で格安で販売した。だが、急場しのぎのそうした対応で米騒動が沈静化するはずもなく、かえって安い米を求めて殺到した市民にけが人が出る始末であった。

当時の新聞記事や父の思い出話からすると、新開地の湊川公園に市民が集まり始め、そのうち、一群が湊川公園からゆっくり歩いても四、五〇分程度で行ける鈴木商店の本店に向い、放火し建物を全焼させている。延焼で近くの建物も焼けている。迷惑なはなしである。これは夜のことであるが、その朝には三菱神戸造船所でも造船工が同社の購買組合の倉庫を襲い大騒ぎとなっている。

報告を受けた警察が鈴木商店に駆け付けたが、鎮圧できないほどに大騒ぎとなっていたようである。兵庫県知事は陸軍姫路師団に軍隊の出動を願い出て、急遽出動した軍隊や地元警察と市民との間で大乱闘騒ぎとなり、双方にかなりの数の死傷者を出すことになった。結局のところ、騒ぎが鎮静化するのに三日間ほどかかっている。これだけの大騒ぎなら、当時若かった父の記憶に残らないはずはない。

さて、その鈴木商店である。神戸貿易業の発展の大きな礎を築き、最終的には破綻したものの一時期の鈴木商店の急成長と興隆は、神戸という貿易港に多くの事業家を引き寄せ、貿易に関わる多数の商社を生み出すことになる。鈴木商店のこの面での影響力も、わたしたちは評価しておいてよい。

また、貿易商としての鈴木商店は破綻したが、その翼下にあった工場群は神戸の製造業発展の礎となっていく。具体的には、神戸製鋼所、播摩造船所、帝人、大日本セルロイド、東洋マッチなどである。神戸製鋼所は出版業を営んでいた小林清一郎によって創業されたが、技術的にも資金的も苦境にあったのを、鈴木商店が買収し、外国技術を導入し海軍省の軍需生産によって経営を安定させた。鈴木商店から明治末に分離し、昭和に入り八幡製鉄所からの技術指導を受けて線材生産に乗り出している。

鈴木商店翼下の工場群のうち、大日本セルロイド――現、ダイセル化学――は設楽貞雄と関係がある。設楽は同社の網干――姫路――工場の設計を担当している。同社は三井財閥系の堺セルロイド、鈴木商店系の日本セルロイド人造絹糸など八社が大合同して、大正八［一九一九］年に大阪府堺市で設立されている。設楽の設計になる網干工場は明治四一［一九〇八］年に完成しているから、大合同前の日本セルロイド人造絹糸時代のものである。この建屋は現存している。引火性のきわめて高いセルロースを扱っていた化学工場の性格上、煉瓦作りの堅固な設計である。ここで生産されたセルロイドを使った製品は当時の日本の輸出品であった。

同社の網干工場の建設にあたってはヨーロッパから技術者を招いている。設楽はこの日本セルロイド人造絹糸と縁が深かったのか、あるいは、周辺に適当な宿舎がなかったのか、工場内には技術者用宿舎として数棟の洋館が建てられた。このうち建物二棟は現存しており、いずれも設計は設楽である。一棟は「ダイセル化学工業（株）異人館」となっている。神戸北野の「異人館」にも多いコロニアルスタイル（*）を採用したスタイルである。

＊コロニアル建築様式――英国やスペインなどが植民地で建てた住宅建築様式の一つである。本国の建築様式を残しつつも、植民地の気候や風土に合わせてデザインされた。ベランダなどは亜熱帯地域の暑さを避けるための工夫であった。

設楽による工場の設計では、網干工場の近くにある日本毛織の加古川工場なども同じ時期に手掛けられている。日本毛織の創業者の一人は川西清兵衛（一八六五～一九四七）で、神戸の実業人たちに声をかけて設立した。川西等は毛布生産から始めたものの、当初は輸入毛布とくらべて見劣りがして苦戦した。日露戦争のときに軍用毛布で巨利を収め、その後、軍服生地、軍人のゲートルなども製造した。

創業当初の苦しい時期を軍需によって救われた日本毛織であるが、洋服用の毛織物だけではなく和装用のモスリン製織に乗り出したことで経営的に安定していくことになる。このほかにも、フェルトなどの分野も開拓している。

川西清兵衛は繊維業の関連企業を起こしつつ、明治四〇〔一九〇七〕年にはのちの山陽電鉄となる兵庫電気鉄道――神戸と明石間の路面電車――の設立に関わっている。また、中島知久平（一八八四～一九四九）と飛行機製造の企業を設立したがうまくいかず、大正九〔一九二〇〕年に川西機械製作所――のちに川西航空機、現在の新明和工業――を設立して、神戸市内にあった川西倉庫の一角で飛行機、真空管、通信機などの製作に取り組んでいる。第二次大戦後、そうした部門がいずれも独立してユニークな企業となっていったことを考えると、川西清兵衛は神戸を代表する、今でいうベンチャー企業家の元祖のような存在であった。

ここで神戸のマッチ工業にもどっておく。マッチは一九世紀初頭、欧州で発明され、オーストリア、ドイツ、スウェーデンで大量生産されるようになった。日本へはもっぱらスウェーデンの安全マッチが輸入されている。やがて、日本でも国産化の試みが各地で始まり、明治一〇年代初頭には輸出が始まっている。関西については、大阪を中心にマッチ工業がおこり、やがて神戸にもマッチ工場が生まれている。その後、工場数、生産高ともに神戸を中心とする兵庫県が日本一となっていく。神戸は軸木に使われた原木を北海道、シベリヤ、満州などから輸入する上で便利であったし、また、輸出する上でも最適地であった。さらに、中国やインドでもマッチが自給されるに従い、その軸木や小箱素地は神戸から輸出された。

明治期の日本の産業実態を丹念に記録し続けた横山源之助が、『日本の下層社会』で「阪神地方の燐寸工場」を取り上げているぐらいであるから、当時マッチ工業は、日本の急成長産業であったのと同時に、日本の下層社会の労働実態を代表していたことにもなる。神戸についてもつぎのような明治中ごろの実態を報告した記述がある。

「神戸の如きは一般燐寸工場をほかにして、北海道輸入の軸木に不足し軸木製造を兼ねて生地一切を製造する工場あり、小箱製造に従事する工場あり、兵庫県下、小箱および素地製造に従事する工場は百二十二ありて、うちもっぱらなるは十幾戸なりとす（一小箱製造業者の言を取る）。更に箱張は専門となりて貧民家庭の内職となる。」

さらに、「特に神戸の如きは橘町の貧民部落は茶焙司に出でざれば悉く箱張に従事し」と記述されている。明治二九［一八九六］年の『第十三次農商務省統計書』からの数字には、マッチ工業での大阪の職工数は男女合計で七、五三九名、内職者四、三一四名となっているが、神戸では職工数五、九九三名、内職者二四、〇〇〇名と、圧倒的に内職者が多かったことがわかる。

地理学者の藤岡ひろ子は『神戸の中心市街地』で、明治三八〔一九〇五〕年の『神戸市統計書』の名簿に記載された神戸のマッチ工場を当時の神戸市街地図に丹念にプロットして、その立地上の特徴をつぎのように明らかにしている。

(一)「市街地の縁辺部に立地し、市街地の外郭をふちどるように分布していること。市街地の西部外縁にとくに集中」していたこと。

(二)「国鉄神戸駅から西に主要な分布地域があり、鉄道によって北と南の地区に分断されている。古い兵庫の卸売業の核心地から、五〇〇〜二、〇〇〇メートルの範囲内にあり、扇型に拡さんしている。」

(三)「マッチは当初から、市街地の中心ちかくから『周辺部』へとふるいわけられている。」こと

(四)「マッチ用材は輸入用材に依存する比率が高く、兵庫運河を通じて輸送され、その貯木場からそう遠くないところに、マッチの工場が分布するようになった」こと。

小さな家屋が混在する地域で、マッチ完成までの各作業は細かく分業化され、典型的な家内工業として成立していた。こうして製造されたマッチの輸出先はもっぱら中国であった。神戸から輸出された経緯には、大阪から神戸へと、日清戦争後に「清商」――華僑――が移り住んできたことも関係している。明治二〇年代半ばには日本郵船のインド航路が開設されたことで、インドへも輸出が始まっている。

神戸のマッチ商と中国市場との結び付きについて、戦前期の日本中小工業に不朽の研究成果を残した小宮山琢二は『日本中小工業研究』(一九四一年刊)でつぎのように指摘している。

「明治二九年日本独占の細軸安全マッチが創製され、以後この安全マッチが神戸在住の清商の手を経て盛んに南清地方へ送り出された。なお神戸の清商は多くは日清戦争後邦人の圧迫に堪え兼ねて大阪から同

地へ移住したものであり、邦人のマッチ製造業者に前貸して商品を確保するのを普通とした。日本のマッチ工業がいち早く輸出産業として発展し得た要因は、極端なる『低賃金』を別にすれば、実に外国資本の問屋制前貸制度にあったのである。かくて、神戸の安全マッチは大阪の黄燐マッチと相並んで、日本のマッチ工業を代表するにいたった。」

当時のマッチ生産は工場生産というよりもむしろ手工業に近かった。マッチ製造は原木から軸木を削り出す作業、マッチを入れる小箱作り、マッチの先に薬品を塗布する作業から構成されていた。これらの作業をすべて行った業者もいたが、ほとんどはそれぞれの作業に特化していた。作業者は男性ではなく、女性のほうが多かった。さらに、女性のほとんどは主婦であった。小宮山のいう「極端なる低賃金」はそうした主婦層の賃金水準を指していたことになる。

小宮山は神戸市社会課の昭和三［一九二八］年の調査結果を紹介している。それによれば、そうした主婦は「生計補助」を目的としており、主婦マッチ工は「職工、仲仕、人夫、行商人等と、また、軸木女工は農業者、職人、仲仕等と多く結婚した如くである。なお職工というもマッチ製造の男工である場合が少からずあるから、一般に、マッチ女工の配偶者は就業の全く不規則な、従ってまた収入の極めて不安定なる日稼者なりと推論して大過ない」とされた。

現在と異なって荷上機械などない時代にあって入港船の荷物の積み下ろしはもっぱら人力によったのであり、いわゆる仲仕がその中心であった。だが、仲仕の仕事には季節性があったし、早朝から深夜までということもあり、事故で身体を壊せば生活の保証のないような厳しい仕事であった。マッチ工業は神戸という港湾都市を支える仲仕などの不安定な家計を補助せざるを得ない主婦層の低廉な賃金に依拠していたのである。

そうしたマッチ工業について、小宮山は「神戸、大阪、名古屋、東京等大都市のスラムの中に発展し、更に神戸市の特殊工業として、同地へ全国的集中を遂げて行った契機・要因を理解し得る。近代的港湾都市の発展するところ、港に拘束されて港人夫群が成立し、その不規則なる就業による収入の不安定は、家族を駆って一家総動員を必然たらしめる。かくして動員された家族労働力群が、嘗つて神戸において、支配的にマッチ工業に投ぜられ、典型的苦汗制度を形成するに至ったのである」と述べた上で、その後の神戸マッチ工業の衰退をつぎのように述べている。

「日本マッチの輸出激減とともに、神戸のマッチ工業は衰退し、大戦以後（第一次大戦―引用者注）急速に、ゴム製品工業に遠く席を譲ってしまったけれど、同地のゴム製品は多くゴム底布靴であり、その労働構成は、マッチ工業同様に、中年女工を主力とする。従ってマッチほど支配的でないにしても、同じ関連はこれを考え得るであろう。」

マッチについては、その輸出に果たした神戸華僑の役割が大きかった。彼等が神戸に移り住んだのは、開港後に設けられた居留地の英国人などの使用人としてであり、中国からだけではなく長崎からやってきたケースも多かったようである。やがて、日清修好条規が明治四［一八七一］年に結ばれてからは、神戸で貿易業などを行う中国人――当時は清国人――も徐々に増えていった。マッチは華僑ネットワークによって中国南部や東南アジアへの神戸を代表する輸出工業となっていった。

なかでも、長州の支藩であった長府藩出身の瀧川辨三（一八五一～一九二五）は、神戸で明治一七［一八八四］年にマッチ製造の清燧社を起こし、その後、鈴木商店系列の帝国燐寸株式会社などを吸収して東洋燐寸株式会社に成長させた。瀧川のマッチ事業は、当時の中国人によく知られた商標を手に入れつつ、華僑たちの輸出に大きく依拠して伸びた。のちに、瀧川は神戸商工会議所の会頭も務めることになる。

ゴム工業にもふれておこう。日本でゴム工業が発展しはじめるのは明治半ばからであるが、その歴史は他の商品と同様に輸入代替と国産化の歩みであった。日本護謨製造所が明治一八［一八八五］年にゴム製枕を作ったという記録も残っている。いずれにせよ、そのころにはいろいろなゴム製品が輸入され、見よう見まねでゴム製品を作ろうとする人たちも現れていたことだろう。

なお、明治三五［一九〇二］年に大阪で開催された内国勧業博覧会でのゴム製品の出品者は二六名であった。このうち、地元ということもあって大阪府・大阪市が一三名、東京府・東京市が七名、三重県・四日市市が二名、横浜市が一名、静岡県が一名、京都市が一名、神戸市――当時は兵庫県住吉村――はラバー商会の吉田亀之助の一名であった。ラバー商会は空気枕と氷枕を出品している。

このように明治半ばにはゴム工業は大阪でも発展がみられていたのであるが、それ以前はもっぱら東京が中心であった。その理由は生ゴムなどの輸入において横浜港が大きな位置を占めていたことにも依った。その後、シンガポールから積み出された生ゴムの輸入で神戸港が大きな位置を占めていくことになる。神戸に生ゴムが輸入され始めたのは明治三〇［一八九七］年からであるが、やがて神戸港が生ゴムの輸入の中心になっていく。

この関係もあって、自転車の普及に伴うタイヤ工場が神戸でも設立されていくことになる。『明治工業史（化学工業篇）』が掲載している明治後期から大正初期にかけてのタイヤ事業所は一八か所である。このうち、東京が七工場、大阪が四工場、あとの七工場はすべて神戸――西宮の一工場を含む――である。具体的にはつぎのようになっていた。

河路護謨製造合資会社（明治四二［一九〇九］年設立）――日本資本による最初のタイヤ製造企業である。英国資本のダンロップで勤務経験をもつ人物のスピンオフによる起業である。のちに東神ゴム株式会社と改称し、学校体育ボールの製造へと転換。

阪神ゴム商会（明治四五［一九一二］年設立）――人力車用タイヤ。のちに阪神ゴム製造所と改称。

摂津護謨株式会社（西宮、大正元［一九一二］年設立）――当初から自転車タイヤ・チューブ製造に着手。大正七［一九一八］年に大阪の藤田組に買収されるなどした。

神港ゴム製造所（大正二［一九一三］年設立）――当初、神戸ゴム製造所として設立、自転車用タイヤ・チューブを製造していたが、大正七［一九一八］年にゴム靴の製造に着手。翌年からゴム靴専門工場へ転換。

日本輪業ゴム株式会社（同右）――鈴木商店系の資本によって合資会社として設立。後に株式会社となり、自転車用タイヤ・チューブ、鉄道省や海軍省などのゴム製品を製造。

大正護謨工業株式会社（同右）――自転車用タイヤ専門の工場として設立。その後、経営的に行き詰り、小林ゴム製造所へ譲渡。

内外ゴム合資会社（同右）――ダンロップなど英国系資本企業に勤めていた人たちが起業。当初は人力車と自転車用のタイヤ・チューブを製造。


わが国の自転車生産は輸入品の模倣から創始され、明治半ばころから東京、名古屋、大阪で本格的に自転車生産に乗り出す業者が現れ、江戸期以来打ち刃物など金属加工の産地として技術的蓄積のあった大阪府堺市において自転車部品産業が形成されてくる。そうした自転車工業が輸入代替化＝国産化から輸出産業に転じるのは大正後半からである。これに伴って輸入に頼っていたタイヤやチューブもまた国産化され始め、神戸のゴム工業を発展させていくことになる。

自転車用の空気入りゴムタイヤはアイルランドの獣医であったジョン・ボイド・ダンロップ（一八四〇～一九二一）が息子の三輪車に工夫を凝らしたことから発明されたものである。ダンロップは特許をとり、事業化に乗り出している。ダンロップは明治四二［一九〇九］年に日本に進出し、神戸脇浜で工場を創設した。わたしの手元には三本の煙突から黒々と煙が立ち上っている大正一〇［一九二一］年のダンロップ神戸工場の写真がある。当時の写真には、和服に日本髪の若い女性が自転車チューブを製造している写真もみられる。

こうしたダンロップからのゴム工のスピンオフによる技術移転、自転車生産の拡大、あるいはゴム材料の輸入港としての神戸とゴム工業興隆との関係については、日本ゴム工業史編纂委員会が昭和一九［一九四四］年に開催した「関西座談会」で、当時を知る有力者も発言している（『日本ゴム工業史』所収）。また、マッチ工業の衰退で、マッチ工業の経営者がゴム工業に転換することは困難であったが、マッチ工が同じような手工業的作業のゴム工に転換していった点にもふれられている。

ここで神戸のゴム工業を象徴するようになるゴム靴について取り上げておく。生ゴムを使った靴は、奈良県の米田茂平によって大正五［一九一六］年に考案され、農家の副業として奈良県を中心に広がっている。これを引き継いだ隣村の松井朝秀が改良を重ねることになるが、病で倒れたことで、その技術は松井の親戚筋の松田奈良一が受け継いだ。松田が前述の神港ゴム製造所に加硫技術を伝え製造委託を行ったことが、神戸ゴム工業の端緒となったといわれる。

このはなしは、技術、とりわけ、手工業的技術に大きく依存した技術は機械ではなく人を通じて伝播することを強く示唆している。このゴム靴は比較的安価であり、北海道や東北など日本の豪雪地域からの需要によって支えられていたが、商品に季節性があることもあって、神戸港から朝鮮や中国などへも輸出されていた。とはいえ、需要の伸び悩みもあり、ゴム靴以外にもさまざまな履物にゴム加工が工夫――たとえば、地下足袋やゴム草履など――されていくことになる。

神戸タワーが開業した大正一三［一九二四］年あたりの神戸のゴム工業を統計的に概観しておこう。ゴム製品の生産高では、靴とタイヤを中心として日本一であり、神戸を一〇〇％とすると、二番手が東京（五八％）、三番手が大阪（二六％）となっている。工場数では兵庫が一六五で全国比で三六％、従事者が約九千人で同四六％となっていた。なお、従業員数一〇〇人以上を雇用していたのは二九工場であった。内訳では、東京が九工場、神戸と兵庫が一〇工場である。最大工場は神戸のダンロップ護謨極東株式会社であり、千人近い大工場であった。ただし、家内工業や内職に近い下請・再下請をもつ零細工場群も神戸には多かった。

神戸の戦時経済については、他の主要工業地帯と同様に軍需生産一色の統制経済となっている。神戸も日本の軍需産業にあって、艦船や武器製造などにおいてその中心となっていた。必然、神戸も大阪と同様に戦時中に米軍の空襲を受けている。わたしが通っていた中学校の周辺に最初に爆弾が落とされたこと、この空襲でわたしの母の友人宅――その南に三菱造船所があった――も焼失したことを聞いた記憶がある。

昭和一七［一九四二］年四月一八日の午後二時三〇分の最初の空襲などは、だれも予想していなかった。兵庫区の中央市場付近の七つの町に単独機によって油脂焼夷弾が落とされ、火災となっている。その後、昭和二〇［一九四五］年一月から終戦までに六甲山と海に挟まれた狭い神戸に、百回を超す空襲があったと記録されている。

わたしの高校——当時は旧制中学校——の大先輩にあたる妹尾河童は『少年Ｈ』——妹尾氏本人——で、昭和二〇［一九四五］年三月一七日の神戸大空襲の様子を「第二陣の編隊は、淡路島の上空からだった。爆音が段々大きくなってきたのは、高度を下げて迫っているらしい。爆音が頭の上に近づいたなと思ったとき、ザーッという豪雨が降るような音がして、焼夷弾が花火のようにキラキラ光りながら落ちてきた」と伝えている。

妹尾は空襲後の神戸の様子を「焼け野原に立っているのは、焼け焦げた電柱と、風呂屋の煙突だけだった。黒々とした地面に〝本庄湯〟の風呂屋の煙突が、ニョッキと立っている姿が異様に目立った。Ｈは、自分が住んでいた街が、こんな風に見渡せるようになると、とても狭くてちっぽけだったことに気づいて戸惑った。昨日までは、もっと広い街だと思い込んでいたからだ」と記したうえで、湊川の様子をつぎのように描いている。

「新湊川の近くまで来ると、また家がなくなった。川を挟んで両側の町が焼けてなくなっていた。神楽小学校の校舎は煙で煤けて炎上したことがわかった。校門から覗くと、校庭に蓆を被せた焼死体が沢山並べてあるのが目に入った。まだ火葬をすることもできない状態だったのだ。黒焦げの遺体に混じって、赤く膨張した遺体もあった。煙に巻かれて窒息死した人たちらしかった。」

わたしの手元に神戸の空襲後の写真があるが、湊川公園周辺も焼け野原となり、神戸タワーだけがポツンと立っている。三月の空襲で大きな被害を受けたのは少年Ｈが暮らしていた長田区や兵庫区だけではなく、三宮周辺も空襲を受けていた。

少年Ｈよりもずっと年配で神戸大空襲の経験世代であった樋上権兵衛は、『神戸百年の成長』で当時の様子をつぎのように記録している。

「神戸市全六区のうち長田、兵庫、生田、葺合の四区と灘区の一部が焦土と化したので、見渡すかぎりは殆ど茫漠たる焼け野原となり、長田から東を見ると湊川新開地や福原の繁華街は悉く灰燼に帰し、国鉄の高架線から南を見ると、神戸の銀座ともいわれた元町通り栄町、海岸通などの区割さえなく、海岸までただ一瞬のうちに瓦礫が堆く積まれているのみで、大廈高楼のビルが櫛比する居留地の宏壮な建築も、無残に崩壊した外部が残っているばかりで、内部はむごたらしく伽藍洞になり、磯上、磯辺、浜辺の各通りから脇の浜にかけては山麓より海辺まで残らず一面の焼け跡がつづくだけであった。

殊に神戸製鋼の本社工場のごときは、高架鉄道から脚下に俯瞰されるので、その惨状は実に言語に絶し、貼りボテの岩が雨に叩かれたように、ただ骨組の鉄筋だけがむごたらしいようにヘシ曲がり、心あるものには二目とは見られぬ痛ましい姿となっていた。」

作家の井上靖（一九〇七〜九一）も「三ノ宮炎上」（『小説新潮』昭和二六［一九五一］年八月号）で、三月の神戸大空襲の様子を「神戸もその頃は街の相貌がすっかり変わり、三ノ宮も軒並み店をたたむ家が続出していた。街の表情も、道を歩く人びとの顔付きも一様にどす黒く変色し、人の心は例外なくざらついていた」と記している。

神戸の場合も、大阪と同様に百貨店などの地下は空襲からの避難者で一杯であったようだ。井上はつぎのように描いている。

「地下室は避難者でいっぱいだった。暫くすると、S百貨店も火に包まれそうだからN滝（現在の新神戸駅の北にある布引ノ滝―引用者注）の方へ避難してくれと警防団の人が吸鳴り込んで来た。……人びとはみなN滝の方へ避難するために、火を噴いている焼夷弾の転がっている路面を走って行ったが、わたしたちは三ノ宮の駅の広場へ行ってそこへ腰を下ろした。焼けていないとなると、三ノ宮の阪急の駅の附近から加納町へかけて全然焼けていないことを知ったときは嬉しかった。」

もっとも、三宮駅周辺もその後の空襲で焼け野原となっている。井上自身は「三ノ宮独特の喫茶店も、もう再び現れて出て来ようとは思われなかった。もはや、そこは三ノ宮ではなかった。まったく別の人種ができ上がろうとしていたのである。……今でもわたしは三ノ宮を焼いた炎の舌の美しさを時々憶い出す。あんな美しく焼けるものの中には、やはりその暗い時代に、美しいと呼ぶことを許されていい何かが詰まっていたのではなかったか」と回想している。

その後、平成七［一九九五］年一月の阪神・淡路大震災で神戸は再び大きな被害を受ける。この時、少年Hが過ごした長田は火災で焼けたが、三宮周辺では一部の建物などが被害を受けたものの、大きな火災に見舞われることはなかった。

さて、戦後の神戸の復興である。神戸に進駐してきた米軍は、神戸市内で空襲被害を逃れた主要な建物を接収している。当時、東キャンプ――East Camp――といわれたのは樋上権兵衛がふれた磯上や磯辺あたりである。他方、西キャンプは湊川周辺の多聞通りあたりで、そこには蒲鉾型の米軍兵舎が建てられた。空襲を直接受けなかった工場については、米軍から接収のはなしもあったようであるが、昭和二二［一九四七］年四月から施行された新市制で神戸市長となった小寺謙吉（一八七七～一九四九）の米軍との交渉で接収は逃れている。

小寺謙吉は神戸有数の資産家で神戸市会議長を務めた小寺泰次郎の長男として生まれ、米国やドイツに留学し、戦前は衆議院議員などを務めている。謙吉は地元では文人としてもよく知られ、彼の膨大な蔵書——ほとんどが洋書——は、関東大震災の際に蔵書を失った早稲田大学や東京大学などに寄贈された。謙吉自身は国際法の専門家であり、英語など語学にも堪能な大物市長であり、市政をめぐってやりあった逸話がたくさん残っている。神戸市民は神戸にもっともふさわしい人物を市長として選んだことになる。

その後、神戸経済は昭和二五［一九五〇］年に勃発した朝鮮戦争によるいわゆる朝鮮特需によって、回復のきっかけをつかむことになる。造船業界は米国艦船の補修、鉄鋼業界は弾薬製造、麻紡業界は軍用土嚢麻袋、海運業界は物資輸送で一息つき始め、米軍兵士の増加によって神戸市内の飲食店や花街——花隈——などに賑わいが戻ってくることになる。

なお、麻紡業界は、日本では神戸で最初に工場が作られている。明治二三［一八九〇］年に、有限会社都賀浜麻会社が設立され、黄麻紡績工場が設けられ、大正七［一九一八］年には、小泉製麻株式会社となった。麻（ジュート）袋は穀物などを入れるのに丈夫なものとして船舶輸送などに不可欠であり、貿易港神戸と深い関連があった。

戦前の神戸産業を代表したゴム工業についてみると、長田などへの空襲によって、ゴム工場の半数以上は戦災にあったといわれる。だが、朝鮮戦争以後、需要は急回復し、自動車用タイヤやチューブ、ゴム引き布の生産は拡大し、ゴム靴などの生産も順調であった。だが、その後、ゴム靴などは大企業に集約され、中小工場はケミカルシューズ——モード靴やニューモード靴——へと転換していった。ケミカルシューズは当初、中近東向けなどが中心であったが、本格的に米国輸出を始め、神戸長田の戦後の典型的な地場産業として定着していくことになる。

興味のあるところでは、昭和二六［一九五一］年夏ごろ名古屋市から広がったパチンコブームが、神戸にも飛び火している。同年一二月初めに市内のパチンコ店は二三一店だったのが、一二月末には四八四店舗へと急増したとされている。敗戦後の苦しい生活も一息ついて、神戸の人たちがパチンコに興じている様子が伝わってくる。

流通業にもふれておく。神戸も大阪と同様に、戦後は闇市から始まっている。わたしの手元にある三宮駅周辺の闇市の写真には、長い列をなして食べ物などを求めるたくさんの人たちが写っている。やがて、闇市が整理淘汰され、商店街が形成される。

神戸タワーの眼下にあった新開地も復興しはじめたが、造船不況などでかつての賑わいを支えた主要産業が後退したものの、新しい産業も生まれず、人の流れも変わったことで地盤沈下が加速化されていく。

前述の地理学者の藤岡ひろ子は『神戸の中心市街地』で新開地の経年変化をデータ的に丹念に追いながら、その衰退加速要因をつぎの五点に整理している。参考までに紹介しておこう。

（一）「新開地はその南西の臨海部の重工業地帯の商業が戦災後急激に低下した影響をうけ、盛り場への若年層の人口流動が減少した。その間に東の三宮地区に戦災後発生した商店街への人口流動が活発となり、商業の核心がそこに移った」こと。

（二）「新開地商店街の東……米軍キャンプによって占拠されたために復興がおくれ、戦災復興事業の十分な見通しと計画が建てられないままに、開発が遅れをとった」こと。

（三）「戦前繁栄した福原遊郭は廃止されて、歓楽街の衰退が見られるようになった」こと。

（四）「戦災後は、映画・演劇に関する市民の関心に変化がおこると同時に、興業は中心市街地に分散するようになった」こと。

（五）「神戸電鉄湊川駅からの足がかりのよいところに大型小売店の進出が進み、活気のある商店街を形成し、新開地の商圏と競合するようになった」こと。

先に紹介したように、井上靖は「三ノ宮」の賑わいが再び戻ることはないと嘆いたが、新開地とは対照的に戦前以上に賑やかな街となるのは三宮周辺であった。人は人を求めて集まり、その集まりがさらに人を集める。地域商業の栄枯盛衰は人の移動の歴史でもある。人口の比重移動と並行して移動しうる商店だけが成長する。ただし、この成長は他方で旧来の商業地域を衰退させることでもある。

神戸新開地にかつての賑わいが戻ることはなかったが、そこから日本の流通業界に革新をもたらした中内功（一九二二～二〇〇五）が生まれてくる。中内は神戸とのつながりが深い。功の祖父栄は神戸市内で眼科医、父秀雄は大阪薬学専門学校――大阪大学薬学部――を卒業して、鈴木商店に勤めている。功が生まれた年、神戸の三菱造船所と川崎造船所では戦前最大と言われた労働争議が起こり、軍隊まで出ている。

父秀雄が鈴木商店を退社して、川崎造船所からさほど遠くない場所にサカエ薬局を開いたのは大正一五［一九二六］年、功が四歳のときであった。この店舗兼住宅の薬局は、わたしの通っていた小学校のすぐ近くにあった。わたしが小学校六年生のときに、担任の先生から著名な卒業生ということで、ダイエーの社長をしている中内功という名前を聞いたことをよく覚えている。当時、ダイエーは神戸にも店舗があり、「主婦の店ダイエー」としてすでによく知られていた。担任の先生が、小学校のすぐ近くにあった中内の実家であるサカエ薬局の場所を教えてくれたことも覚えている。小学校の先輩で近所に住んでいたこのダイエーの創業者は、わたしたちにとってきわめて身近な存在でもあった。

手元にあるダイエーの年譜をみると、功は地元の兵庫県立神戸高等商業学校を出て――一九歳で繰り上げ卒業――、日本綿花に入社したものの、すぐに応召され、フィリピン戦線に送られ九死に一生を得て帰国している。実家周辺は空襲を受けていたものの、サカエ薬局は残っており、功は家業を手伝いながら、三宮駅近くの闇市でいろいろなものを扱うブローカーをやって食いつないでいた。功が思い切って故郷の神戸を飛び出して、大阪の平野町で医薬品の現金問屋「サカエ薬品」を設立したのは昭和二六［一九五一］年であった。

功が薬の問屋から、一般消費者を相手に、薬だけではなく化粧品、瓶づけ・缶詰食品、日用雑貨なども販売する「主婦の店ダイエー」第一号店――いまでいえばディスカウントストアー――を京阪電車千林駅に開店したのは、通天閣完成の翌年の昭和三二［一九五七］年であった。

わたしもこの第一号店があった場所を見に行ったことがあるが、三〇坪ほどの小さな店である。千林の店はその後のダイエーのさまざまなディスカウント商法の実験の場となった。功は第二号店を大阪市内でも、故郷の神戸新開地近くでもなく、以前、闇市でブローカーをやっていて将来の成長性に気づいていた三宮の、神戸の交通の結節点――阪急電車、阪神電車、JR――に開店している。

その後、ダイエーは全国展開に移り、多い年で一年間に九店舗を増設している。この急成長と仕入れ数量の急増はダイエーにメーカーや問屋に対する大きな価格交渉力をもたらすことになった反面、メーカーや問屋の反発を招くことになる。仕入れにおける価格競争力を高めるための短期間での拡大路線をめぐっては、兄弟間で争いもあったようである。ダイエーは創業後一五年で、三越百貨店を抜き、二三年で売上額一兆円を突破した。だが、急成長ゆえに収益構造や組織構造などの歪みもまた大きいものであった。

最後に、戦前の神戸を象徴した神戸タワーが解体された昭和四三［一九六八］年以降の神戸経済や神戸産業を振り返っておくと、まず、神戸市内に工場用地の拡大が困難であったことから、川崎重工業、川崎製鉄、神戸製鋼所が県外あるいは加古川市に分工場を設けるようになった。と当時に、ポートアイランドや六甲アイランドなど人工島の造成が進んでいくことになる。そして、その造成に必要な土砂を掘り起こした須磨奥に住宅と工業団地が造成された。

このことは成熟化した旧来型産業から、成長を期待できる自動車、電気・電子機器、半導体、製薬、バイオテクノロジーなどハイテク産業へと神戸市の産業構造を転換させることになった。神戸にとって不幸であったのは平成七［一九九五］年におきた阪神・淡路大震災であったが、そうでなくとも産業構造の転換は決して短期間では容易でなかったことも事実であった。

ポートアイランドに立地し神戸医療産業都市構想を支えるバイオベンチャーなどは、大企業などで研究開発を経験した人たちのスピンオフ型起業を前提にする。日本全体の傾向としてこうしたキャリアを担う人材層が薄いなかにあって、神戸にどの程度スピンオフの意欲をもったそのような人材が存在しているのか。あるいは他地域——外国も含め——から、彼らを神戸に引きつけることができるのか。リスクの高いスピンオフ型起業を支える「ヒト・モノ・カネ」といった地元の社会資本があるのか。そうした問題が問われている。

いうまでもなく、どの国においても、ハイテク型企業の雇用創出力は現実にはそう大きくはない。必然、そこに期待されるのは誘発的雇用創出効果である。たとえば、ハイテク企業が一定数集積することによる国際会議の開催と人の集積であり、その人たちが開催地の観光を行うことによるさらなる経済的誘発効果である。この点、神戸は観光・文化資源に恵まれている。

二代目神戸タワーとなったポートタワーは、医療関係や様々な分野のハイテク企業、ファッション企業などが立地する高度成長期に造成されたポートアイランドのちょうど反対側にある古い神戸港を象徴する中突堤に、神戸の将来を期待して立っているようでもある。

第四章　タワーと近代化

テクノロジーと近代化表象

建築家の八束はじめは、建築を「テクノロジーの表象」としてとらえ、「テクノロジーが新しい建築的な空間や構想を切り開いた」近代建築史をそうした流れのなかに置く。高層建築の技術的前提は鉄骨の登場であり、それを日常的に活用空間化させたのはエレベータ（昇降機）の発明であった。八束はこの点についてつぎのように指摘する（「テクノロジーの表象としての建築」新田義弘他編『岩波講座・現代思想―テクノロジーの思想―』所収）。

「テクノロジーが先にあり、それを後追いしてテクノロジーの思想が生まれたわけで、決してその逆ではない。近代都市の物理的構造を決定的に変えてしまった二つの発明があった……オーティスによるエレヴェーターの発明であり、これは建築の垂直的な次元を飛躍的に増加せしめた。鉄骨構造の導入による超高層化への構造技術上の革新（しかしそれ以前にも十数階までなら組石造でも可能だった）は如何にも直接的な原因だが、それを利用可能な空間としたのは、エレヴェーターである。これによって都市部に高層、高密度の軸所空間の垂直都市が成立した。」

八束は特にタワーの登場を意識しているわけではないだろうが、タワーの登場の時代的背景の一つに技術的発展があったのは自明であり、タワーの建設はそれを支える技術の発展の上に成り立った。

それにしても、設楽のタワーデザインは、建築の専門家ではないわたしなどにとってもお世辞にも洗練されたものとは言い難い。初代通天閣は写真のなかでしか見たことがないが、それでも明らかにパリの凱旋門にエッフェル塔を継ぎ足したようである。また、神戸タワーにしても、そこから徒歩で三〇分ほどのところに住んでいて眺めていたわたしにとって、老朽化し閉鎖されていたこともあったろうが、そのデザインはどこかある種不気味さをもっていたように記憶する。当時、普及しつつあった鉄筋コンクリート構造など先端的技術を取り入れたものであったろうが、それが一つの時代を意識したデザインであったかといえば、わたしにはよくわからない。稲垣栄三は『日本の近代建築―その成立過程―』で耐震構造や鉄筋コンクリート工法が導入されはじめた明治期後半からの日本の建築家の「独自のあり方」について、つぎのように分析してみせる。

「初期的な合理主義、あるいは技術主義とでもいうほかはない。それは決して、のちに近代建築が獲得する個々の要素を切り離し、相互の関連を無視した上でそれを技術的に処理するという技術中心主義である。そうした基盤の上にあって、様式と技術とは全く等価であり、相互に関連し合うことのない別個の領域であった。……様式の場合、つねにヨーロッパにおける歴史の厚みの前には、日本でどれほど努力しても所詮追いつけぬことをみとめなければならなかったのに対して、技術の、ことに耐震工法の移植は、日本独自の問題意識にささえられて、そのようなひけめなしに達成できたのである。……日本は近代建築の創世記を、こうしてこの対立する二つの側面が影響し緊張し合うことなく、単に並立した状態のまま迎えなければならなかった。したがって、鉄骨造や鉄筋コンクリート造の導入が、旧い様式の打破、新しい造形のための契機とはついになりえないのである。」

とはいえ、日本の建築家たちが西洋建築についての構造的な知識やそれに関わる技術、そして外観や内装などの様式やパターンを習得し、やがてその組み合わせを実践していくことが一段落したのが、稲垣の示唆するように明治後半であったとすれば、当然、その後にくるのは日本の建築家のセルフアイデンティティ――自画像の追求――であったことは想像しうる。

それは日本経済の勃興期であった大正の頃であり、必然、日本の伝統的な建築様式などへの再評価運動が起きた。それは建築様式における、ある種の意識的な折衷主義の登場でもあった。そうした動きは、建築という分野だけではなく、実は、日本の社会科学全般にみられていたのである。経済学や政治学についても、江戸期の政治思想家や経済思想家の著作の復刻が行われていたのである。

と同時に、大正デモクラシーの時期において、日露戦争以降のナショナリズムの高揚が一段落して、インターナショナリズムへの芽生えがあったのである。それは建築様式にもあらわれはじめていたのではないだろうか。稲垣の「時代が明治から大正にかわったとき（一九一二）、建築界の体制もその社会的背景も大きく転回したのである。……ナショナリズムは退潮し、建築においても『国民的様式』への要望は急速に姿を消すのである」という指摘には留意しておいてよい。

この意味では、設楽貞雄の世代は西洋模倣から日本的独創へという時代の谷間に位置したといえなくもない。タワーの建築ということでは、タワーが生まれた背景やさらにその底流にある時代思想について短期間で十分に理解・消化することなど不可能である。それゆえに、表象としてのデザイン——概観——だけが模倣されやすいのである。

もっとも、それが日本人だけによって試みられるか。あるいは、明治初期のお雇い外人によって試みられるか。または、日本人とお雇い外人の組み合わせによって試みられるか。これによって、建築デザインは大きく異なるように思える。

その豊富な事例は、明治初期に改めて日本の首都となった東京に現れた西洋風建築に見出すことができよう。永井荷風の作品などの押絵で知られる木村荘八（一八九三〜一九五八）は、画業だけではなく江戸から東京と移っていくその姿、とりわけ、下町の変貌する姿を感じのよい文章で綴ったエッセイストでもあり、当時の光景をわたしたちに伝えてくれている。

たとえば、木村壮八は銀座の変貌を綴った「東西南北」という文章で、銀座煉瓦街の形成以前にあった築地ホテルの「塔」についてつぎのようにふれている。

「これに先じて築地に『築地ホテル』と呼ばれた一偉観の建ものが建ち、これはそのあたりが居留地となることを見込んで幕府事業として建造したもの、……江戸の対外開市そのものが結局幕府の手では乗切れずに維新政府の手に移譲された……もし『日本的』というを主題として考えれば、キャラバンセライの銀座煉瓦よりは、それに先立つ築地ホテルの建築様式の方が、モンダイとなるかもしれない。これは清水建設の二代目が手がけたもので、洋人相手の見込のものであるから『洋式』に作った。……木造建築であるが、外観の総体に渉ってナマコ壁になり、ガラス張りのワクをペンキ塗りにした竪に内開きに作られた窓や、螺旋階段などを備え、屋上には『城』の天守に模した、あるいは祭礼のダシのような塔が作られた。『塔』などというものは全く在来の日本様式になかったもので、これが形式となって、明治初年の洋風建築はいずれも塔をもつこととなった。まだそこに『時計』はないのである。」

ここでいうキャラバンセライとは『隊商宿』（Caravan Serai）で、米国の西部劇などに出てくる宿屋である。ナマコ壁は日本の土蔵の外壁に多く見られてきた。瓦を並べそれらを漆喰で塗り固めたもので、その継ぎ目がナマコに似ていることから、ナマコ壁といわれるようになったものである。

残念ながら、江戸幕府の海軍操練所の跡に慶応四［一八六八］年に建てられた築地ホテルは明治五［一八七二］年に焼失して現存していないが、その姿を描いた錦絵などは残っている。木村も築地ホテルの挿絵を描いているが、この錦絵を参考に描いたものであろう。

その外観はたしかにナマコ壁の土蔵に観音開きの窓を設けて、屋上に二層の塔を乗せている。一層目は丸窓が一面に三つ設けられ、二層目はキリスト教会の鐘堂のような感じである。木村のいうように、時計はまだ設置されていない。

このホテルは多くの錦絵になったぐらいであるから、多くの人たちが見物に訪れたに相違ない。日本としては二番目の西洋風ホテルであった。最初のものは横浜開港によってその八年ほど前に開業した横浜ホテルである。このホテルは慶応二［一八六六］年に焼失している。築地ホテルの設計者は米国人リチャード・プリジェンス（一八一九～九一）で、施工は清水組であった。三階建の本館と平屋作りの建物から構成され、部屋数は百室余り、ホテル経営の方も清水組が請け負った。

米国人が設計者であるからこそ、築地ホテルは、キャラバンセライではなく、和洋折衷にこだわったのか。

後に、清水組が手掛けることになる第一国立銀行などと外観はよく似ている。このことからすると、ブリジェンスは清水喜助あたりと相談して設計したのであろう。

タワーとテクノロジー表象

タワーは外観がまずは象徴的存在として重要である。だが、その高さを安全に支える技術がなければ、その象徴的外観を支え続けることはできない。建築史において、日本的建物は伝統的に水平的な空間性を持ってきた。日本人は城郭建築としての天守閣、寺院建築としての仏塔や層塔——三重塔や五重塔など——を除いて、高さを競うような垂直的な建造物に親しみをもってきたわけではない。

天守閣は権力の象徴であり、一般庶民が気楽に自由に立ち入ることのできた空間ではなかったし、また、仏舎利を祀るために造営されたいわゆるストゥーパに起源をもつ層塔は、中国の楼閣建築を経て日本へ伝わったものである。中国のそれは上層まで人が登ることができるが、日本のそれは構造上、人が登ることができず、きわめて象徴的な参拝用シンボルとなった。これまた人びとが自由に立ち入ることができない空間であった。すなわち、日本人にとって、タワーとは立ち入りが禁止された空間であった。その意味では、明治以前において、人々が気楽に自由に立ち入ることのできた高層空間は日本には見当たらない。

江戸時代の建物や街並みを広範囲に残した地域など日本にはほとんどないが、幕末を記録した写真が幸いなことに残っている。長崎の出島にあったオランダ商館の二等補佐官として派遣されたオランダ人は、当時の日本の風景を多数の写真に撮り、本国に持ち帰っている。それらはオランダのライデン大学に保存され、何冊かの写真集となっている。そこに記録されている日本の江戸末期の街並みは、ほとんどが平屋あるいは中二階のような家から構成されていた。そのなかで、高さで目を引くのは寺院建築や商家ぐらいである。愛宕山から江戸の街並みを眺望した写真もあるが、そこに広がっているのは武家屋敷の水平的な空間であり、高い建物は見当たらない。他方、明治維新後は、そうした水平的な空間のなかで、建てられ始めた西洋館だけが三階以上で、それまでの江戸的空間とは隔絶した空間を占めるようになってきている。西洋化＝近代化を象徴している。

それは大阪でも同様であった。それまでの大阪では、西本願寺津村別院――通称、大阪北御堂――の高い建物を除いて見当たらなかった高層建築が西洋館のかたちで建てられ始めたことが、大阪の街並み写真からわかる。ひときわ目を引くのは大阪造幣局の西洋館と、その横に立っている煙突の高さである。また、神戸の居留地――中国では租界――でも二階建て以上の西洋館が海岸に向って整然と建設され、それまでの兵庫の低い街並みと一線を画すような空間が形成され始めていた。

このようにしてみると、それまでの水平的空間展開から垂直的空間展開への転換が当時の多くの日本人に近代化の何たるかを空間的かつ視覚的に気付かせたことになる。近代化とは水平から垂直という空間的転換のことでもあったのだ。

維新前後から建設されはじめた近代的工場、たとえば、文久元［一八六一］年に完成した長崎溶鉄所――のちに長崎製鉄所に改称、さらに維新後に工部省所管の長崎造船所となり、さらにその後、三菱に払い下げられ三菱長崎造船所となる――には二本の煙突が建てられた。当時の長崎であれば、どこからでもその高さが人びとの目に飛び込んだであろう。

横須賀でも、明治四［一八七一］年にフランス人が設計・建設した製鉄所が生産を開始し、高い煙突から煙が立ち上っている写真が残っている。当時としては突出して高い建造物であった。わが国近代工場のシンボルとなった富岡製糸所――明治五［一八七二］年完成――も同様で、中央のボイラー工場には煙突が建てられ、その周りの外観二層建ての工場群と二階建ての工場事務所をはるかに追いぬく高さの煙突からは排煙が噴き出している。

そうした建物は近代化＝工場化のテクノロジー的表象であった。ただし、そうした工場や煙突は多くの人たちが日常的に接する近代空間ではない。多くの人が近代化の動きを感じ始めるのは、従来の街並みに何か新しいモノが出現するときである。たとえば、その典型的事例は前節で取り上げた築地ホテルである。その中央建物の上には塔が建てられていた。この建物は四年後に焼失したが、その年に、現在の東京証券取引所近くにあった海運橋に、三井組の五階建ての本店ビルが完成している。この建物は当時としては超高層ビルといってよい。その上にはやはり塔が置かれている。建築様式は築地ホテルと同様に、「擬洋風建築」と位置づけられている。技術的には江戸の棟梁や職人たちが日本古来の五重塔の建築技術を応用して建てたとされている。

設楽貞雄の卒業した工手学校（現、工学院大学）の後輩筋にあたる、日本近代建築史家の初田亨は、『近代建築の系譜―日本と西欧の空間表現を読む―』で、このような擬洋風建築をわが国の近代建築史のなかでつぎのように位置づけている。

「擬洋風建築のなかには、洋風の建築を建てたかったが技術や材料がなくてやむを得ず和洋折衷になってしまった建物と、意図的に和風と洋風の要素を折衷してつくった建物がある。これらの建物を建てたのは、江戸時代からの伝統的技術を受け継ぐ棟梁、職人たちであった。なかでも東京では、早くから和洋を大胆に折衷した建物が建設され、市民の間で好評を博していた。東京で特に人々の注目を集めた建物に、外国人旅館と海運橋および駿河街の三井組の建物がある。」

この海運橋の三井組ビルには幾通りもの設計案があった。当初案は正面にベランダを設けたコロニアル風二階建てに、寺院建築でお馴染みの屋根を乗せたような装飾性の少ないシンプルな外観設計であった。その後、これは屋根の頂上に物見櫓風の小屋を乗せた設計案に変更された。最終案は、まるで城郭建築のように、天守閣のような物見櫓を乗せ、当初の洋風から和風がかなり加えられた装飾性の高いものとなった。設計と建設に当たったのは築地ホテルと同様に清水喜助であった。長年、江戸城西の丸や日光五門の棟梁を務めた人物である。

海運橋の三井組ビルはその後第一国立銀行に譲り渡された。三井には新しい本社ビルが必要となり、建設されたのは駿河町の三階建ての新しいビルであった。この設計・建設も清水喜助である。屋根の頂上には、従来の清水の設計からすればささやかな高さの塔のようなものがチョコンと乗っているだけである。当初は避雷針つきのそれなりのものであったかもしれないが、質素なものとなった。初田はこの点について「ここでは建物の頂部には鯱がのせられている。擬洋風建築にみられる意匠を中心とした和風要素には、社会的地位の象徴（ステイタス・シンボル）としての価値をもつものが用いられることが多い」と指摘する。

やがて、東京のそうした洋風あるいは擬洋風建築を目にした人が増えるに従い、地方でも洋風建築の需要が起こってくる。当時の小学校の校舎や役所建築をみてみると、やはり屋根の上に塔を乗せたものが興味を引く。それらが建築デザイン的にバランスのとれたものであったかというと、わたしのような建築には素人の目からみても、均整がとれているとは必ずしもいえないのである。

長野県松本の開智学校――明治九［一八七六］年完成――あたりの校舎と塔とのバランスは素人目にもまずまずであるが、その前年に同じ長野県佐久に建設された成知学校をみると、調和がとれているとは言い難い、高すぎる塔が屋根の上に設けられている。同じ年に、静岡県磐田にも見付学校の校舎が完成したが、こちらもまた屋根の上に二層の塔が乗っている。これもまたバランスの点で問題がないとはいえない。

その前年には、兵庫県の豊岡にも小学校が作られたが、二階建ての校舎の上に分不相応ともいえる大きな塔が乗っている。この時期は、当初、湊川近くにあった県庁舎が東へと移動し、新しく建てられた県会議事堂――神戸議事堂――は、奈良栄山寺の八角堂――国宝――を大きくして二階建てにしたような建物に、二重の塔を乗せたような擬洋風建築となっている。当時の播磨県庁舎にも建物頂上に塔が乗せられている。両者ともお世辞にもバランスがとれた外観設計とは言い難い。

こうしてみると、本来、塔は建物が必要とする構造的機能上のものではなく、ある種の近代性の表象であって、江戸期に精神形成を終えた日本の職人たちにとって、「塔」とはまさに垂直という近代空間を実現する手立てではなかったのかと、少なくともわたしには思える。実際、同じ時期の英国人、イタリア人、フランス人、アメリカ人などが設計者として記録されている建物をみると、必ずしも、屋根の頂上に塔をつくってはいないのである。

建築史家の村松貞次郎は『日本近代建築の歴史』で、開智学校――地元松本の棟梁立石清重の設計・施工――や見付学校――堂宮大工の伊藤平左衛門の設計・施工――の頂上にある塔――太鼓楼――についてつぎのように指摘する。

「これはもちろん西洋建築の鐘楼（ベル・タワー）や時計塔にヒントを得たもので、擬洋風建築にもっとも好んで用いられるものである。この内部に太鼓や吊鐘を吊るして生徒や町の人びとに時刻を知らせたのである。まさに文明開化の時の音が流れた。その太鼓楼の上には風見がついている。これも西洋のモチーフで、避雷針を兼ねることが多いが、この段階ではまだそこまではいっていない。しかしこれも五重塔などの相輪と考えればすこしも無理のなかったものである。ただその中間に十字に交差する水平の棒の先端につけられた東西南北の文字は、いかにも学校らしいグッド・デザインである。」

西洋建築に対する棟梁などの理解というのは、自分のかかわってきた建物設計や施工の範囲で最大限、その外観デザインを理解しようとするものであったといえる。むろん、初期の校舎にすべて塔があったわけでもないし、また、陸軍、役所、博物館などの公共施設をみてもすべての建物に塔が乗せられてはいなかった。

このようにしてみると、日本人の近代化意識と建物という空間意識との関連性とは一体何であったのかを問わざるをえない。この点について示唆に富むのは、比較都市論の岡並木の都市空間論での指摘である。

岡は『江戸・パリ・ロンドン―比較都市論の旅―』で、江戸期の街並みとそれを支えた思想がいまでいう低環境負荷に沿ったものであり、日本の近代化において西洋諸国の明暗の暗の部分を無批判に取り入れたことが現在の都市問題のあり方を強く規定しているという。先に観た擬洋風建物が並び始めた東京の街で時代の先端をいくことを運命づけられたような「銀座煉瓦街」について、岡は「当時の都市の景観としては日本人には、ロンドン、パリのたたずまいが一つの理想だったのであろう」と指摘した上で、その歴史的背景――ロンドンの場合は貧困格差、パリでは暴動の多発――を知ることなくして、本来の都市計画などは困難であったことを強調している。

岡はいう。「明治維新は日本の政体を完全に変え、近代化への道を切り開いた点で、たしかに重大な転機をもたらした。そして江戸は、東京に変わった。同時にこの街の支配者は、百万都市のマネージメントのノウハウを蓄積してきた徳川幕府のベテランたちから、小都市の経験しかなく、また江戸の街に愛着が強いとはいえぬ薩長出身者に変わる。そこで何が起こったか」と。自然破壊もその一つであったろうし、また、江戸期以来の日本の風土に合致していた糞尿処理のやり方などの廃止もその一つであったろう。

やがて、西欧に「近代化」を学んだ江戸を知らない人たちが戻ってきて、お雇い外国人に変わって日本人による近代化が本格化することになる。岡は、とりわけ、東京の下水道システムに疑義を示すとともに、当時の近代化なるものに異議を唱えている。岡はつぎのようにいう。

「お雇い外国人といってもいろいろな人がいて、自分達の技術をただ押しつけようとする人もあれば、日本の風土、日本の技術、制度を勉強した上で、自分の技術を加味しようとする人もあった。そういう勉強家たちさえもが、新しい日本のリーダーたちによって疎んじられるようになっていくのだ。」

本来、治水技術などはその土地に応じたものであり、必ずしも同じものではありえない。国土に山を持たないオランダの技術者たちが、日本古来の土砂留め工法などの水準の高さに驚いたことはわたしたちの記憶にとどめておいてよい。

また、環境保護意識などは、むしろ日本の方が高かったといえなくもない。欧州諸国では、産業革命が都市化とほぼ並行したかたちで急展開し、住宅環境や河川汚濁など多くの深刻な問題を早期に抱えていた。やがて、日本もまたそれを繰り返すことになる。近代化の負の部分である。岡自身は、明治維新後の早急な近代化を「下水道」と「道路」からつぎのようにとらえている。

「十七世紀から十九世紀にかけての日本の都市は、パリやロンドンに比べて、はるかに文明的であったということであった。わたしたちは長い間、パリやロンドンと比べて、はるかに文明的であった……舗装や下水道、あるいは歩道という都市施設の有無や普及の状態を、文明の尺度であると教えられてきたが、それは正しかったのだろうか。……当時の江戸、あるいは駿府といった日本の都市は、まちづくりの初期から、清潔さを維持するシステムを組み込んでいた……街道もまた当時の西欧のそれとは違って、二百数十年メンテナンスの行き届いた道路であった。ところが、その顔が一八九〇年（明治三十年前後）から歪んできた。」

この明治三〇年前後という時期は、日本の近代建築史では、それまでの造家学―― house-building ――が建築学―― architecture ――ということばに変わりつつあったころである。造家学会が建築学会と改称されたのも明治三〇［一八九七］年であった。造家から建築へということばへの転換は、当時の日本人建築家の背延びの雰囲気を伝えているようでもある。ただし、アーキテクチャーということばはギリシア語源で、元を正せば造家の棟梁のことである。

近代化によって、それまでの自然に囲まれた空間はより人工的なものに作り替えられた。それを象徴したのが、それまでの伝統的な建物にかわって建てられ始めた西洋建築あるいは擬洋風建築であった。それらは従来の水平空間を切り開くものではなく、むしろ垂直空間を切り裂くような建築であった。

ここで話をタワーに戻す。タワーは、日本人にとって、新たな時代の象徴として人びとにより身近な建築となった。それまでの棟梁たちは、江戸時代という統一的秩序の中にあって建築にも自由な意匠が許されなかった空間意識を、自ら変えることのできる時代となったことを感じていたに違いない。

タワーと近代化との狭間で

本書の冒頭で、通天閣の名称の由来についてふれたときに、大阪の経済界で大きな役割を果たしていた土居通夫の名前に由来するという説を紹介した。土居は伊予宇和島藩の出身で幕末には脱藩して討幕運動に参加している。彼は名前を何度も変えており、土居は最後の名前である。それはまるでヤドカリが大きくなるごとに自らのサイズにあう貝を選んでいるようなものである。幼名は大塚万之助であった。

万之助は宇和島藩士の六男であったゆえに養子に出され、松村保太郎となった。松村は父方の旧姓であった。養家から実家に戻ってから、彼はこの名を名乗った。実は、その後また養子に出て、名前は中村と変わっている。大阪とのつながりは、万之助が脱藩し生活に窮して、大阪の金貸しの取立て役となり、剣客ゆえに用心棒となったころからである。土居が単なる借金の取立て役でなかったことは、大阪の商家や自藩で商売上のもめごとがあれば、その交渉役を引き受け評判となっていることからわかる。

土居は、明治維新後、大阪鎮台長官などをつとめた宇和島藩主の伊達宗城（一八一八～九二）との関係もあり新政府に出仕し、大阪府の幹部となったあと、司法畑を歩き大阪控訴裁判所の裁判長となっている。すでに述べたように、土居は草莽の志士時代に大坂の商人たちと知り合っている。そうした関係もあり、土居は裁判官を辞めた後、鴻池家に入っている。鴻池家は摂津伊丹で清酒醸造を行い、清酒を江戸に供給することで財をなし、さらに大坂と江戸を結んだ海運業や両替商に転じた。一二世紀の元禄期には、鴻池家は多くの大名へのいわゆる「大名貸し」で大坂を代表する豪商へとのし上がっていった。

それだけに、明治維新以前に大名貸しが不良債権化することで、鴻池家は苦境に陥っていた。また、維新後も三井などと異なり、鴻池は新政府への協力方針を明確に打ち出せなかったため、官金取扱いで出遅れることになった。明治一〇［一八七七］年に、鴻池は分家や別家とともに第十三銀行を設立し、二〇年後に鴻池銀行へと転換するが、この銀行業とてうまくいっているとはいえなかった。また、鴻池は銀行業だけをやっていたわけではなく、明治一七［一八八四］年には大阪倉庫会社などを大阪商人に先駆けて設立している。だが、これも結局のところ業績不振から三井に売却している。

小倉藩士で幕府の長州征伐に加わった経験をもち、維新後は英国留学から帰り宮内省を経て当時の大阪府知事であった――在任期間は一〇年間――建野郷三（一八四二～一九〇八）に頼まれ、土居通夫は鴻池家の顧問となった。なお、鴻池家は元外交官の島村久（一八五〇～一九一八）も顧問――のちに、鴻池銀行理事――に受け入れ、家財整理にあたらせている。

鴻池は自らの力で改革を進めることができず、外部の力を借りて改革をせざるを得なかったのである。裁判官の経歴をもつ土居通夫に白羽の矢が立ったというわけである。ちなみに、建野郷三は駐米公使を経て、神戸商業会議所の会頭も務めており、大阪だけではなく、神戸にも縁の深い人物であった。

土居は鴻池家の分家筋あるいは別家筋を本家から切り離すという、外部者だからこそできる荒技をやってのけている。この二年後には、土居は「鴻池家憲法」を定め、それまでの鴻池家の商売慣行の明文化を行っている。土居の改革は、実際のところ、難航したようである。もし土居の改革がうまくいっていれば、鴻池家は住友家や三井家のように財閥化の途をもっと早い段階で歩んでいただろう。

結局のところ、鴻池家は大阪を中心とするローカルな富豪として存続した。代々、鴻池家の当主は鴻池善右衛門を襲名してきたが、土居が顧問となったときの当主は趣味人であった第十代目の鴻池幸雪であり、やがて鴻池幸方が第十一代目を継いだ。幸方は日本生命保険や大阪貯蓄銀行などの設立に関与した。土居の方は、大阪電燈、明治紡績、日本硝子製造、大阪土地建物などのほかに、すでに紹介した阪堺鉄道、浪速電車軌道、京阪鉄道などの公共交通機関の設立にも幅広く関わった。これは鴻池という名前が大阪財界の力を結集する上で有効性をまだもっていた所以である。

土居通夫という名前も裁判官から鴻池家の改革者へと転じたことで、大阪の経済人に広く知られるようになった。彼は、明治二八［一八九五］年から亡くなる大正六［一九一七］年までの二〇年以上にわたって、大阪商業会議所の会頭の職にあった。

すでにふれたが、大阪産業界を日本だけではなく広く世界にもアピールすることを目的に開催された第五回内国勧業博覧会の誘致には、大阪の実業家の協力を取り付けることが不可欠であった。そこには、大阪商業会議所だけではなく鴻池をバックにした土居通夫の役割はきわめて大きかったのである。この誘致事業には莫大な資金が費やされたが、鴻池銀行だけでも一万円を提供している。あるいは協力企業ということでは、土居がその設立に関係した企業が数十社になっていたことも大きな力となっていた。

なお、昭和五一［一九七六］年三月二六日付の朝日新聞に一つの記事が掲載された。通天閣の名付け親の孫が現れ、祖父の儒学者藤沢南岳が名づけたことが縁者の中で口承されてきたというのである。それが真実であったとしても、当時の大阪の人びとは内国勧業博覧会のあとに建設された初代通天閣が、その名の由来を土居通夫の「通」に求めたと噂し、大阪経済が天に通じるような成長を望んだとしても不思議ではない。鴻池家から土居通夫への流れは、そのまま大阪の近代化の軌跡を物語っている。

終章　タワー時代の終焉

日本のみならず、あるいは現在のみならず、人間はその時代、権力、宗教的心情を表現するものとして、数々のランドマークを残してきた。明治時代以降の日本は、近代国家の威信を示す建物――すべては残っていないが――を残してきた。そうした事業に建築家たちは深く関わってきた。

東京や地方の政府庁舎、裁判所、帝国大学校舎、駅舎、官営工場建屋などは国家の威信を示したランドマークであった。そのなかで、タワー（塔）についてみれば、民間主導のランドマークであったといえよう。大阪や東京にあった凌雲閣、初代通天閣や神戸タワーなどはその典型であった。初代通天閣や神戸タワーはいずれも庶民たちが過ごす歓楽街のシンボルとして建てられ、それらは普通に生活する人びとの活力あるエネルギーのシンボルでもあった。

それは上からの近代化とは異なる、下からの近代化のランドマークであったといえないだろうか。高層建築が普通となった現在とちがって、五階建ての建物であれば高いほうであった当時、十数階建てに相当するタワーは時代のランドマークになりえたのである。近代建築史研究者の足立祐司は「異相の建築」で「建物において最も人を驚かせるのはその高さであることは今も昔も変わらない。いまは超高層の時代であるが、かつてその役割を果たしていたのは塔である。大阪の通天閣、神戸の神戸タワー。いずれも市民の愛着は絶大なものがある。建築的にはそれほどではないが、やはり高さはその街の象徴となるからである」とみる（『神戸のまちと建築― Yesterday, Today and Tomorrow』所収）。

建築家で神戸の近代建築の保存運動に取り組んできた武田則明もまた、神戸タワーを神戸の街、とりわけ新開地の栄枯盛衰を象徴するものとして、つぎのように指摘する（同書所収）。

「観察すると、短い年月の間に次々とランドマークが変わって来ていることが判る。……活力の衰えたまちのシンボルはどうなったか。新開地を見ればよく判る。大正一三年に出来た神戸タワーには大きな日章旗が掲げられ、塔にはネオンサインがほどこされ、昼夜を問わず神戸の中心地のシンボルとして、ランドマークとして遠くからそれを眺めることが出来た。……もちろんまちが衰退していくのは、ランドマークのためではなく、都市構造の変化、即ち交通や産業構造変化や市役所の主要機能の移転によるところがあるだろう。タワーは構造上、耐久性の上から問題があったのだろうし、聚楽館の場合、映画館入館者の激減といった変化を背景にした歴史的建物の解体の例であるが、結果的にはまちの衰退がランドマークの消失と言うことでシンボリックに表現されている。」

シンボリックなものとして、神戸タワーは多くの人の記憶に残っている。第二次大戦後は、戦前の神戸経済の発展の象徴的地域であった新開地に以前のような活気が戻ることはなかった。タワーを飾るイルミネーションは、港町神戸の象徴としての神戸タワーの最後の輝きのようなものであったろう。すくなくともわたしはそのように感じる。

石戸信也の『神戸レトロコレクションの旅―デザインにみるモダン神戸―』に収められている、昭和前期の神戸の絵はがきからは、タワーとイルミネーションが密接な関係をもってきたことがわかる。そこには神戸タワーの夜のイルミネーションの絵はがきとともに、宝塚ルナパークがイルミネーションで輝いている写真が載せられている。

さて、ここでほかのタワーについてふれておく。第二次大戦後に高層タワーの建設が認められるようになると、さまざまな目的からタワーが建築されるようになった。そして、昭和二〇年代からは電波塔としてのタワーの時代がやってきた。

名古屋テレビ塔――高さ一八〇メートル――は昭和二八［一九五三］年九月に着工され、翌年六月に竣工している。また、平成一七［二〇〇五］年には、タワーとしては日本で初めて国の登録有形文化財に指定されている。名古屋タワー建設の背景について、名古屋テレビ塔株式会社社長の大澤和宏は「街づくりと名古屋テレビ塔」という座談会でつぎのように語っている（『タワー―内藤多仲と三塔物語―』所収）。

「復興のシンボルとして『東洋のエッフェル塔』を目指したタワーの建設と、テレビ電波の鉄塔一本化とが合致したのです。愛知県、名古屋市、NHK、中部日本放送（CBC）、地元財界が協力して、塔そのものはNHKとCBCが財産を一部保有し、テレビ塔が保有する部分については、愛知県と名古屋市が半分、残り半分は百を超える地元財界が株主として名を連ねています。第三セクターという言葉もない戦後期に、自治体がインフラ整備でなく観光事業にも出資したのは、画期的だった。」

設計者は、東京大学で造船学を専攻したが、のちに建築学に転じた内藤多仲（一八八六～一九七〇）であり、耐震鉄骨構造の研究者であった。内藤はテレビ放送に先立つラジオ放送の時代に、日本各地で多くのラジオ塔を設計した実績をもっていた。内藤の最初の仕事は大正一四［一九二五］年の東京愛宕山のラジオ放送塔であった。以後、昭和八［一九三三］年までに日本各地で二五本ほどのラジオ放送塔の設計に携わったほか、中国で長春のラジオ放送塔の設計も行っている。

内藤はこうしたラジオ放送塔の設計者として知られるが、日本興業銀行、歌舞伎座、早稲田大学大隈講堂、明治生命本館などの多くの建物の耐震構造設計にも携わっていることは記憶にとどめておいてよい。名古屋テレビ塔のあとに、内藤は二代目通天閣の設計に取り組むことになる。

さて、日本を代表してきたのは東京タワーというイメージがあるが、実は、テレビ塔としては名古屋が先行していた。そして、名古屋テレビ塔のつぎに建設されたのは、北海道札幌市大通公園に立つさっぽろテレビ塔――一四七メートル――で、設計は同じく内藤多仲である。つぎに建設されたのが首都東京に立った電波塔、すなわち東京タワーである。

名古屋テレビ塔の二倍近くの高さになる東京タワーの設計には、内藤多仲と日建設計株式会社の設計陣が当たっている。設楽貞雄が初代通天閣の際に参考にしたパリのエッフェル塔を数十メートル抜き、建物の上に建てられた塔ではなく自立式鉄塔としては世界最高の高さとなった。施工には名古屋テレビ塔と同じ竹中工務店があたり、昭和三三［一九五八］年に完成した。

こうしてみると、昭和二〇年代末から昭和三〇年代初頭にかけて、タワーは来るべきテレビ時代の到来、テクノロジーの象徴であったといえよう。その後の電波塔の建設としては、福岡タワー――二三四メートル――が、昭和の最後の年に福岡市で開催されたアジア太平洋博覧会にあわせて建設されている。

その後、デジタル放送の普及や衛星からの電波送信によって、テレビ塔といわれた電波塔も時代を象徴するモニュメントとなりつつある。

名古屋テレビ塔も、さっぽろテレビ塔も、東京タワーも、周辺に高層ビル群が林立するようになり、その存在は目立たなくなり、展望台としての役割も終焉しつつある。

その時代の光景などを切り取ったモニュメントとしてのタワーの一つに、神戸タワーが老朽化を理由に解体される五年前の昭和三八［一九六三］年に完成した、神戸ポートタワー――一〇八メートル――がある。神戸タワーが神戸経済のかつての中心地であった新開地に建てられたように、神戸ポートタワーは発展しつつあった神戸三宮から元町の海岸に建てられた。

わたしが、小学校六年生のころであった。近くの小学校に通っていたわたしは、この年に遠足として徒歩で鋼鉄パイプを鼓のように組み上げたユニークな形状をもつ、この新しいタワーに出かけ、神戸港や大阪港を一望できた展望台に上ったことをよく覚えている。

港を象徴するポートタワーということでは、神戸市と並ぶ国際貿易港として発展してきた横浜市に、横浜港開港百周年を記念して横浜マリンタワー――一〇六メートル――が、昭和三六［一九六一］年に完成している。当初は灯台機能も兼ねたが、数年前に灯台は廃止され、現在は展望台のみとなっている。

市制の百周年ということでは、名古屋市が東山公園に昭和六四［一九八九］年に鉛筆のようなデザインをした東山スカイタワー――一三四メートル――を建設している。もう一つの百周年ということでは、函館湾を望む西洋式城郭であった五稜郭の築城百周年のモニュメントとして昭和三九［一九六四］年に五稜郭タワー――六〇メートル――が建てられたが、新五稜郭タワー――一〇七メートル――が平成一八［二〇〇六］年に完成したのを契機に、旧タワーは解体されている。

港を象徴するタワーだけでなく、昭和三〇年代にはタワーなるものがよく立てられている。まさにタワーの時代である。京都駅前の京都を象徴するタワーの建設をめぐっては、近くに東本願寺の五重塔があることから、歴史的景観の破壊であるとの反対意見があった。京都市民の賛否両論の中で、駅前ビルの上に、別段港町ではないのだが京都を照らす灯台をデザインした京都タワー――ビル部分を入れて一三一メートル――が完成したのは、昭和三九［一九六四］年の年末のころであった。

その後、タワー建設の時代が終焉したかというと必ずしもそうではない。たとえば、ポートタワーということであれば、千葉県の人口が昭和五八［一九八三］年に五百万人を突破したことを記念して、翌年着工し、昭和六一［一九八六］年に完成した千葉ポートタワー――一二五メートル――がある。千葉県には銚子漁港近くに銚子タワー――五八メートル――もある。隣の茨城県の大洗港にも灯台を兼ねた大洗マリンタワー――六〇メートル――が昭和六三［一九八八］年に開業している。

もっと新しいところでは、秋田市の秋田港に立つ秋田ポートタワー・セリオン――一四三メートル――が平成六［一九九四］年に完成している。また、下関市の関門海峡を一望できる場所に海峡ゆめタワー――一四三メートル――が平成八［一九九六］年に開業している。

こうしたタワーは、開業当初こそ多くの地元の人たちや観光客をひきつけたものの、その後は大きな累積赤字を抱え始めている。名所旧跡というのはどれでも同じであろうが、地元の人たちはそんなに何度も訪れるものではない。タワーとて一緒で、頼りになるのは他地域からの訪問客であるが、タワーに昇りに行く人などは一部で、多くは近くに観光地があればそのついでという具合である。いわゆるタワーだけのリピーターはそう多くない。

いろいろなタワーの乗降客数の統計をみても、開業から日が経つにつれて低減傾向にあるようだ。いまや、人びとはタワーに別段、近代化の先行的な表象としての近代空間を感じることはない。タワーが大衆化することで、タワーの時代はすでに終焉を迎えてしまったのである。

東洋一といわれる神戸タワーが完成した大正一三〔一九二四〕年に神戸に生まれ、家業の貿易業を経て作家となった陳舜臣（一九二四〜）は、『神戸というまち』で、神戸っ子気質についてつぎのように述べている。

「おなじ品物なら安い店で買うという、徹底した合理性が、神戸の人間にはしみこんでいる。江戸っ子のように、先祖代々この種の品はこの店でしか買わねえんだと威張りはしない。もともと伝統や権威に反感をもつ人間が多いのである。ダイエーや星電社(*)というスーパーマーケット形態、つまり伝統や権威にみごとなパンチをくわせた店がさかえるのは、それだけの理由があるわけだ。『包み紙を買うんやない』。神戸人はそう言って『見栄』を哂う。神戸で包み紙が問題にされる場合は、それが有名な銘店のものかどうかではなく、そのデザインがユニークでセンスがあるかどうか、という点についてである。」

＊星電社――昭和二〇〔一九四五〕年一一月、後藤博雅・英一兄弟によって敗戦の爪痕が残る三宮でラジオパーツの卸・小売店として創業。さまざま新しい取り組みにおいて注目されてきた。平成七〔一九九五〕年の阪神淡路大震災で、全国でもトップクラスの売上額を誇っていた三宮本店など七店舗が全壊。六店舗は半壊した。平成一四〔二〇〇二〕年に民事再生法によって、経営再建を図る。現在はヤマダ電機グループとなっている。

通天閣と天王寺界隈、神戸タワーと新開地界隈、いずれも過去においてそれぞれ地域経済の興隆の象徴的モニュメントであり、庶民の文化を代表する近代空間であった。建築史家の橋爪紳也は『内藤多仲と三塔物語』で、展望台としてのタワーから高塔としてのタワーへの転換の時代がやってきていたことをつぎのように指摘する。

「大正時代から昭和初期にかけて、高層の百貨店やビルディングが建設されるなか、少なくとも大都市にあっては、展望だけを目的とするタワーはその役割を終えたとみてよい。眺望のための展望塔は、本質的に人びとの視線を集めるランドマークである。消費社会の誕生によって、広告塔へと転じるのは必然であった。……展望を目的とするタワーの系譜は、戦争によって分断された。戦後、戦災からの復興を果たすなか、レジャーブームを背景に観光地に新たな展望塔を設けようとする動きが出てくる。そのなかで回転展望台という新たなビルディングタイプが出現する。また新たな高塔も登場する。従来のラジオ用の電波塔よりも、はるかに高いテレビ塔を建設する必要が生じ、そこに展望台を設けようとする発想が出てくるのだ。高所からわが街を俯瞰したいという欲望は、時代を超えて普遍的なものだろう。」

その後、この二つのモニュメントが立っていた空間は、かつての輝きを取り戻してはいない。通天閣あたりは北の梅田や南の難波という交通の結節点でもあるターミナル地域と比べて停滞が目立つようになった。他方、神戸タワーがあった新開地も、東の三宮とは比較しようもないほどに格差が開いてしまった。橋爪が指摘するように、街の中にはタワーという構造をとらない高層建築が多く出現している。

陳舜臣は、前掲の『神戸というまち』で、あるべき起死回生策をつぎのように論じた。

「新開地の斜陽化が云々されている。都心が東へ移っていることは、盛り場の西の横綱である新開地に影響を与えずにはおかない。映画でもっていた新開地が、映画界不振の道連れにされるのは避けがたいことである。『三宮がえら勢いやよってなァ』と新開地の人は言う。なかには、誤解している人がいるのではないか。三宮の隆盛のあとを追おうとするなど、とんでもないことである。新開地には新開地独特のムードがあって、それは三宮とは次元がちがう。三宮の亜流となって新開地のもち味をなくすのは、すべてを失うことを意味する。」

昭和三五［一九六〇］年九月に、新開地最大の映画館であった聚楽館から南側を撮った写真がある。そこには川崎造船所の大型クレーンも写っている。当時はわずか一キロメートルあるかないかの新開地のメインストリートに二二の映画館がひしめいていた。この一枚の写真はその後の変化を象徴している。日本映画は斜陽産業となり、神戸の造船業界もまた国内他地域や韓国等の新造船国との競合のなかで大きな変容を迫られるようになるのである。

陳は西の新開地は西の播磨工業地帯と結ぶことを提案している。ただし、「須磨から塩屋、垂水、舞子にかけて、住宅が激増している。うっかりすると、盛り場としての新開地の地位を別の土地に奪われるかもしれない」と警告も忘れていない。

その後の経緯からすれば、ポートアイランドという人工島を造成することで生まれた須磨の奥には新興住宅地が作られ、神戸市内だけではなく、周辺地域からも若い人を呼び込み、そこに市営地下鉄が引かれた。主要ターミナルにはショッピンセンターが建設され、三宮と須磨とが地下鉄で結ばれ、新開地は素通りの街となった。一方、三宮はさらに交通の結節点としての密度を増した。

陳は「三宮を真似るのもよいが、これは新開地のアクの強さを思う存分発揮してから、そのうえにつけ加えるものだろう。新開地北端の湊川公園という広場を、なんとか活用できないものだろうか。ふだんは浮浪者の場所であり、ときにデモの集会所となるが、それだけではもの足りないではないか」ともいう。

後の新開地の歩みをみるかぎり、神戸市の経済関係者は陳の忠告に耳を傾けたとは思えない。新開地はそれまで以上に神戸市民が地下だけを通過する空間となってしまったように思える。

さて、神戸新聞論説委員を務めた崎山昌廣は『神戸学』で、「神戸という港町」を「日本近代化の実験都市」の重要な役割を担わされた地と位置付けている。つまり、神戸は西洋諸国に「追いつけ、追い越せ」という日本の近代化路線の実験都市であったというわけである。それゆえに、崎山は、神戸が「史上最大の激動の世紀・二十世紀の荒波をまともに浴び、最も厳しく浮きつ沈みつを繰り返し続けた典型的な『水際の巷』の宿命」の地であったと強調する。

一方、郷土史家の田辺眞人は前掲『神戸学』で、神戸がそうした実験を担うだけの消化力をもっていたことを重視する。神戸を近代的な港湾都市に押し上げた鉄道や造船などについても、「港町に多い練達の船大工たちの腕が大いに発揮された。最初は外国人技師の指導を受けながら、すぐに技術の要領を会得、日本式改良を加えて自分たちのものにした」と指摘する。

神戸は鉄道の敷設や、それまで天上川で神戸市民を困らせた湊川等の付け替え工事も乗り切っている。ちなみに、国産初の蒸気機関車は神戸で生まれている。マッチの国産化などもそうである。このほかにも、国産で日本初という事例は、同じ貿易港である横浜と並んで神戸には多い。神戸が近代化＝西洋化の実験都市といわれる所以である。

さて、実験都市神戸が直面した早急な近代化のツケについて、田辺は「新しい開港場に仕事を求めて全国から多くの人々が殺到、神戸の人口は急激に膨張した。兵庫県や神戸市（神戸の市制施行は東海道線が全通した明治二十二年）は都市整備に懸命に努力するが、とても間に合わない。性急に前のめりの形で進められた近代化のツケは、後々まで行政や市民に重く、のし掛かり続けることになる」と述べたうえで、その典型例を神戸のマッチ工業に求めた。マッチ工業は、国産から輸出産業として急速な発達を神戸で遂げた。田辺はこのマッチ工業の近代性と非近代性をつぎのように指摘する。

「マッチ産業は、技術導入を国産化に活かした最初の近代工業、輸出産業という点に歴史的意義がある。輸入に頼らず外貨を獲得できる新産業は『殖産興業』の格好の見本であった。……生産現場も近代型と呼ぶには程遠かった。狭い工場には原料の黄燐の悪臭が立ち込める。おまけに低賃金。それでも働き手は大勢いた。各地からどっと流れ込んできた貧しい人たち、とくに女性と子どもの多さが目立ち、夜もマッチの箱張りの内職に精出した。」

新開地という明治以降に新たに開かれた土地に建設された神戸タワーは、神戸の近代空間を象徴するものであったが、実際にはマッチ工場など非近代性を内包した、文字通りタワーという孤高の空間でもあったのである。

さて、もうひとつのタワー物語であるが、大阪の通天閣周辺にも初代、二代目建設当時の活気がもどってきたとはお世辞にもいえない。大阪郊外に住み続けた作家の司馬遼太郎（一九二三〜九六）は『この国のかたち（三）』で「大阪」に先行した「大坂」の時代を取り上げ、その風景を論じている。

司馬の視点は、経済が日本のなかでも最も早く最も徹底的に発達し、「モノを観念でみずにモノとしてみる考え方」である商品経済の思想は大坂で定着したにもかかわらず、大坂が一八世紀の一世紀足らずをピークとしてその後衰弱したという点にある。

商品経済思想の定着という意味と範囲では、「日本の近代は明治維新から始まるとされるが、十八世紀の大坂にはすでに近代の萌芽」があり、富永仲基（一七一五〜四六）や山片蟠桃（一七四八〜一八二一）などの思想家はそうした大坂という土地柄なくしては生まれなかった、と司馬はいう。彼等はいずれも商人であり、醤油問屋の道明寺吉左衛門や鴻池又四郎など大坂の豪商たちが幕府の許可を得て始めた懐徳堂で学んでいる。富永も山片も徹底した合理主義で物事を考えた。だが、司馬はそのような合理主義精神がその後も継承されたかどうかは甚だ疑問としている。

「大坂のおもしろさは、仲基のような人文主義者を生みつつも、十八世紀の一世紀たらずで衰弱したことである。思想的創造力の衰弱と経済の沸騰の鈍化は、一つのものであるらしい。ついでながら、醤油問屋道明寺屋もながくつづいたとは聞かない。十九世紀になると、大阪経済は、すくなくとも醤油の面でははなはだしく陰った。仲基の在世中までは江戸のシェアを上方の〝下り醤油〟が占めていたのだが、十九世紀初期、たとえば文政四［一八二一］年の数字では、年間江戸に搬入される醤油百二十五万樽のうち、大坂からの廻漕ぶんはわずか二万樽にすぎなくなっていた。あとは上総や下総など、関東の水系で生産される濃口醤油が占めた、という世になった。江戸の後背地が、力をもちはじめたのである。やがて、生産都市東京の時代がくる。」（前掲『この国のかたち（三）』）。

建築史家の橋爪紳也は『大阪モダン―通天閣と新世界―』で、通天閣は「複合化された盛り場」であった新世界という都市空間の象徴であったとし、その背景をつぎのように分析している。

「近代というパースペクティブのなかで考えるならば、この時代は、明治前期の開化期にすすめられた都市改造の臨界に達し、ふたたび都市の再編が要請された時期という位置づけができる。産業構造の変化、とりわけ重化学工業の発達が、都市生活者の階層分化をすすめる。すなわち企業経営者を主とする資本家たちとホワイトカラー層、工場労働者などのブルーカラー層との分離が明確となり、その影響が社会の諸相の表面に浮上するに至ったのである。また人口の大都市圏への集中も過度にすすんだ。」

たしかに、大阪はその工業化を象徴する「煤煙の都市」となりつつあった。交通網の発達によって橋爪のいう経営者やホワイトカラーは郊外に整備されつつあった住宅地へと移って行った。後ろに生駒山が迫り、その狭隘な土地に人口が集中したことで、市街地の住工混在地区の環境は悪化した。通天閣の眼下に広がった新世界は、そうした「階層分化」のなかにあって、大阪人たちが健全娯楽を楽しめる新しい世界を象徴していたともいえる。

興味があるのはパリ風とニューヨーク風を入れたモダンな近代空間を目指した新世界が、やがて「和風化」していったことである。要するに、洋風では、大阪人は集まらなくなったのである。橋爪はこの変化を「パリを手本としたはずの商店街は、かくして和風の茶屋街に変貌する。いっぽうアメリカをモデルとした工業街も、変貌を余儀なくされる。……第一回目の改造では、随所に日本趣味を盛り込む、大衆の理解しやすい造園とした。いわば景観面での整備が中心であった。ところがこの二度目の改造では、疑似体験を提供してくれるアトラクションを廃止、伝統的な演芸・演劇を見せる小屋中心の遊園へソフト面での転換がはかられた」と指摘する。つまり、それは洋風という近代空間のお試し期間の終わりであったかのようであった。

当時の写真からみれば、かつての洋風――疑洋風であるが――建築に代わって、日本瓦の興業演芸場が増えたことがみてとれる。そうしたなかで、パリの凱旋門・エッフェル塔のような通天閣だけは、名札のように「ライオンはみがき」のネオンサインをつけ、さらに変化を続ける大阪のなかで取り残されたように孤高な姿となって建っているように思える。それは、神戸湊川公園に立つ神戸タワーのその後をも示唆しているかのようでもあった。

そしていま、東京に新しいタワーとして東京スカイツリーが建設されている。それは新しい時代の到来ではなく、古い時代の終焉を告げているのかもしれない。

あとがき

研究者や学者とはおもしろいものである。外国の事例などはよく知っていても自分が生活し、生きている地元のことなどあまり知らない。あるいは、自分が生まれ育った地域のことをよく知らないのである。最近、それに気づいた。呑気なはなしである。

昨年来、米国東部の地域産業史、とりわけ、産業構造転換のむずかしさを書いていて、では、わたしが生活してきた大阪や神戸などではどうであったのかを知りたくなった。それにここ十数年来、フィンランドの地方都市――要するに首都のヘルシンキ以外――の栄枯盛衰について、毎年一地域から二地域を訪れ、その土地の関係者に丹念にインタビューしてきた。

こうしたインタビューを重ねれば重ねるほど、自分が生まれ育ち生活してきた地域の栄枯盛衰について、なんとく感覚で知っていても、きちんと知らないことにわたしはいら立ちを覚えるようになった。断片的なことや、小さなころの思い出として知っていても、それがどのようにつながってきたのか、これについてはほとんど知らないのである。

それが、ふとしたきっかけで、幼いころ父親に連れて行かれた二つのタワーが、同一人物の設計であることを知った。ではというので、地元の図書館などで建築写真集を借り出して見てみた。わたしの生活圏であった地域の建物を調べてみると、やはりこの人物が設計した建物が多い。設計者は設楽貞雄である。

この設計家と建物の関係を追っている間に、設楽が設計家として歩いた途が、大阪や神戸の近代化の歴史と見事なまでに重なり合うことに気づいた。そして、建築家や設計家というものは、その時代の精神というものを空間的に切り取って、それを象徴化するモニュメントとして、建物という作品を残していることにも気づいたのである。

ここで「近代化」といったが、近代化にはさまざまな側面があり、数行だけで定義づけできるようなものではない。人びとは変わりゆく社会そのものが近代化の一側面であることに気づいている。多くの人たちは近代化とは制度の変容であり、人びとの考え方や生活習慣の変化であることも知っている。

だが、より直接的に、かつ視覚的に日本社会を変化させている近代化を感じるのは、建築物を通してではあるまいか。この意味では、建築史とは近代化史そのものでもある。そこには技術だけではなく、近代化の表象としてのモニュメントもまた埋め込まれているのである。わたしたちは、建築家たちの歩んだ道を通して、その地域にとって近代化とは何であったかのヒントを知ることができるのである。

設楽の設計になる通天閣と神戸（新開地）タワーは、わたしにはお馴染みの建造物であった。神戸タワーについては、物心がついたころから、とりわけ、高校生のころには通学途中によく眺めたものである。

わたしにとって、表面に錆が浮いていまにも崩れそうであった神戸タワーは神戸の湊川公園近くの新開地という、かつての神戸第一であった歓楽街の衰退を象徴するものであった。昨年あたりに、わたしより八歳ばかり年少の親戚の者に、神戸タワーの印象を聞いてみた。彼はわたしもよりもさらに不気味な印象を持っていたことを語ってくれた。わたしが高校二年生のころに、神戸タワーが解体されたのだが、その時、彼は小学校三年生であった。

その後、神戸の中心は三宮周辺に移り、神戸タワーの近くにあった造船業なども衰退する。神戸タワーの解体は、それを象徴していたように思える。だが、わたしの父親世代にとっては、神戸タワーはむしろ神戸の造船業の興隆とその造船工たちで溢れた新開地の繁栄の象徴であった。街の賑わいというのは時間の経過とともに変わるものであるとつくづく思う。

他方、二代目通天閣は、大学への通学途中に眺めることが多かった。とはいえ、大学の級友たちとその近くまで出かけたことはほんの数回ほどであった。大概は遠くから眺めるだけであり、わたしにとって通天閣は、大阪の梅田周辺とは対照的に衰退しつつあった天王寺地区を象徴しているものであった。

つまり、この二つのタワーはわたしにとっては地域経済の衰退のモニュメントであった。だが、最初からそうではなかったろうということも知っていた。それは両親などから二つのタワーが立っていた地域のかつての賑わいを、小さい頃に聞いていたからでもあった。いうまでもないことだが、象徴的なモニュメントなどは最初から衰退している地域等には建てられはしない。この二つのタワーはかつては二つの都市の近代空間＝繁栄を象徴したモニュメントであったのだ。

わたしは、小さいころからのさまざまなそうした思いから、二つのタワーを通じて大阪・神戸地域経済史を描きたくなった。神戸は私が生まれ育った場所であり、大阪は母が生まれ育った場所であり、わたしが大学時代から生活した場所である。また、わたしの職業生活において、大阪という空間は研究調査対象そのものであった。大阪府立商工経済研究所とその後継調査機関の大阪府立産業開発研究所でおよそ一六年間にわたって大阪府下の産業実態調査——その多くは中小企業分野——をしたが、この庶民の町のあちこちをとにかくよく歩いた。

だからこそ、自分が生まれてもいなかったころの大阪の様子について、自分でも不思議なぐらい細々したことを知っているのである。それは、研究所の先輩諸氏から地域産業形成史に関わる生の話をいろいろな機会を通じて聞くことができたことによる。いまになって思えば、贅沢な知識移転を受けていたのである。

他方、神戸については生まれ育った地元の人間としての勘があるが、改めて体系的にいろいろな史料や資料にあたったのは今回が初めてであった。いろいろなことをもっと両親が健在であった頃にきちんと聞いておくべきだったと後悔もしている。普段は、名古屋で生活していることもあって、今回、神戸の旧跡なども訪れ、メモをとることなど新鮮であった。

神戸市内の建築物関係資料や当時の新聞記事の検索などについて、神戸市立中央図書館、神戸市文書館、兵庫県立図書館、兵庫県議会図書室、神戸市教育委員会などの職員の方々にお世話になった。また、神戸新聞社の方々にも史料・資料面での過去を旅するような探索でお世話になった。大阪については、大阪歴史博物館などの資料室などをよく利用させてもらった。お礼を申し上げたい。

本書は中京大学経営研究双書の第三三巻として発行される。出版については中京大学から出版助成を賜った。いつもながら、こうした環境を提供してくださった中京大学関係者に感謝申し上げたい。信山社の渡辺左近氏には出版までの細々した作業でお世話になった。改めて感謝申し上げたい。

二〇一一年九月

寺岡　寛

参考文献

【あ行】

アーキテクチュア・フェアＫＯＢＥ記念出版編集委員会編『神戸のまちと建築― Yesterday, Today and Tomorrow ―』神戸市住宅局、一九九三年
朝日新聞神戸支局編『ミナト神戸』神戸国際観光協会、一九六二年
阿倍武司『近代大阪経済史』大阪大学出版会、二〇〇六年
阿部牧郎『大阪をつくった男―五代友厚の生涯―』文藝春秋、一九九八年
荒尾親成『明治・大正神戸おもかげ集（第一集）』中央印刷株式会社出版部、一九六九年
同『明治・大正神戸おもかげ集（第二集）』中央印刷株式会社出版部、一九七一年
安藤良雄編『近代日本経済史要覧（第二版）』東京大学出版会、一九七九年
石井寛治『日本経済史（第二版）』東京大学出版会、一九九一年
石田潤一郎『関西の近代建築―ウォートルスから村野藤吾まで―』中央公論美術出版、一九九六年
石戸信也『神戸のハイカラ建築―むかしの絵葉書から―』神戸新聞総合出版センター、二〇〇三年
同『神戸レトロコレクションの旅―デザインにみるモダン神戸―』神戸新聞総合出版センター、二〇〇八年
伊藤延男・太田博太郎・関野克編『文化財講座・日本の建築―近世Ⅱ・近代―』第一法規出版、一九七六年
稲垣栄三『日本の近代建築―その成立過程―』中央公論美術出版、二〇〇九年
犬丸義一校訂『職工事情（上・中・下）』岩波書店、一九九八年
井上俊夫『ふるさと文学館（大阪Ⅰ）』ぎょうせい、一九九三年
同『ふるさと文学館（大阪Ⅱ）』ぎょうせい、一九九五年

今井修平・小林基伸・鈴木正幸・野田泰三・福島好和・三浦俊明・元木泰雄『兵庫県の歴史』山川出版、二〇〇四年
上田達三『産業構造の転換と中小企業―大阪における先駆的展開―』関西大学出版部、一九九二年
海野弘『酒場の文化史』講談社、二〇〇九年
大川三雄・川向正人・初田亨・吉田鋼市『図説・近代建築の系譜―日本と西欧の空間表現を読む―』彰国社、一九九七年
大阪市『明治大正大阪市史（経済篇）上・中・下』大阪市、一九三四〜一九三五年
大阪市史編纂所編『大阪市の歴史』創元社、一九九九年
「大阪市の一〇〇年」刊行会編『目で見る大阪市の一〇〇年（上巻）』郷土出版社、一九九八年
大阪府立商工経済研究所『発展過程よりみたる大阪工業とその構造』一九五二年
同『機械工業における外註、下請の実態―農業用発動機製造業とその下請構造について―』一九五四年
同『繊維商社の分析―弱体化過程を中心に―』一九五五年
同『輸出中小工業の実態調査』一九五七年
同『大阪の経済と産業構造』一九五九年
同『創立十周年記念刊行・中小企業の実態的研究』一九六〇年
大阪府立文化情報センター・新なにわ塾叢書企画編集委員会編『大阪の近代建築と企業文化』（株）ブレーンセンター、二〇〇九年
大西勝明・二瓶敏編『日本の産業構造―ポスト冷戦期の展開―』青木書店、一九九九年
岡並木『江戸・パリ・ロンドン―比較都市論の旅―』論創社、一九九四年

【か行】

科学技術政策史研究会編『日本の科学技術政策史』（社）未踏科学技術協会、一九九〇年
茅原健『工手学校―旧幕臣たちの技術者教育―』中央公論新社、二〇〇七年

神立春樹『近代産業地域の形成』お茶の水書房、一九九七年
木下博民『通天閣―第七代大阪商業会議所会頭・土居道夫の生涯―』創風社出版、二〇〇一年
木村荘八（尾崎秀樹編）『新編・東京繁盛記』岩波書店、一九九三年
木村隆俊『一九二〇年代日本の産業分析』日本経済評論社、一九九五年
近代建築書譜刊行会編『近代建築書譜（近畿篇）』近代建築書譜刊行会、一九三六年
黒田智子『近代日本の作家たち―建築をめぐる空間表現―』学芸出版社、二〇〇六年
建設人社編『建設業団体史』建設人社、一九九七年
建築・都市ワークショップ編『内藤多仲と三都物語』ＩＮＡＸ出版社、二〇〇六年
工学院大学編『工学院大学学園七十五年史』一九六四年
同『工学院大学学園百年史』一九九三年
河野仁昭『ふるさと文学館（兵庫）』ぎょうせい、一九九四年
江弘毅『街場の大阪論』新潮社、二〇一〇年
神戸華僑華人研究会編『神戸と華僑―この一五〇年の歩み―』神戸新聞社総合出版センター、二〇〇四年
神戸港における戦時下朝鮮人・中国人強制連行を調査する会編『神戸港強制連行の記録―朝鮮人・中国人そして連合軍捕虜―』明石書店、二〇〇四年
神戸市編『写真集・神戸一〇〇年』神戸市、一九八九年
神戸市教育委員会・神戸近代洋風建築研究会編『神戸の近代洋風建築』神戸市、一九九〇年
神戸市立博物館編『特別展・よみがえる兵庫津―港湾都市の命脈をたどる―』神戸市立博物館、二〇〇四年
同『描かれた神戸物語―源平合戦から港町・異人館まで―』神戸市立博物館、二〇〇五年
神戸新聞社総合出版センター編『兵庫県大百科事典』神戸新聞社、一九八三年
同『懐かし写真館―昭和の兵庫・あの日・あの時―』神戸新聞社、二〇〇六年

同『神戸学』神戸新聞社総合出版センター、二〇〇六年
神戸電気鉄道株式会社社史編纂委員会編『神戸電鉄五〇年のあゆみ』神戸電気鉄道株式会社、一九七六年
鴻山俊雄『神戸と在留中国人』東亜学社、一九五四年
小島精一『産業統制政策』東洋出版社、一九三四年
同『日本戦時中小工業論』千倉書房、一九四〇年
小西四郎・小沢健志・沼田次郎監修『写真集・蘇る幕末―オランダに保存されていた八〇〇枚の写真から―』朝日新聞社、一九八六年
小宮山琢二『日本中小工業研究』中央公論社、一九四一年

【さ行】

斎藤力之助『わたしの湊川・新開地―戦前・大正・昭和の三〇年―』シンリョー、一九八九年
酒井一光『窓から読みとく近代建築』学芸出版社、二〇〇六年
坂本勝比古『日本の建築・明治大正昭和（五）―商都のデザイン―』三省堂、一九八〇年
作道洋太郎『関西企業経営史の研究』御茶の水書房、一九九七年
佐藤啓子『赤レンガ近代建築―歴史を彩ったレンガに出会う旅―』青幻社、二〇〇九年
佐藤正広『国勢調査と日本近代』岩波書店、二〇〇二年
佐野正一・石田潤一郎『聞き書き関西の建築―古き良き時代のサムライたち―』日刊建設工業新聞社、一九九九年
佐原六郎『塔のヨーロッパ』日本放送出版協会、一九七一年
同『塔の旅』南窓社、一九八四年
同『世界の古塔』雪華社、一九八五年
JR西日本神戸支社編『神戸駅一三〇年史―神戸の鉄道、誕生から現在まで―』JR西日本株式会社、二〇〇五年
司馬遼太郎『俄』講談社、一九七二年

同『神戸・横浜散歩芸備の途（街道をゆく二一）』朝日新聞社、一九八八年
同『この国のかたち（三）―一九九〇～一九九一―』文藝春秋、一九九五年
清水慶一『ニッポン近代化遺産―明治・大正・昭和、知られざる物語―』日本放送協会、二〇〇七年
城山三郎『鼠―鈴木商店焼打ち事件―』文藝春秋、一九七五年
新開地アートブックプロジェクト編『湊川新開地ガイドブック』新開地アートストリート実行委員会、二〇〇三年
新修神戸市史編集委員会『新修神戸市史―産業経済編Ⅱ・第二次産業―』神戸市、二〇〇〇年
同『新修神戸市史―産業経済編Ⅲ・第三次産業―』神戸市、二〇〇三年
杉原薫・玉井金吾編著『大阪・大正・スラム―もうひとつの日本近代史―』新評論、一九八六年
鈴木淳『新技術の社会誌』中央公論新社、一九九九年
鈴木博之・山口廣『新建築学大系五・近代・現代建築史』彰国社、一九九三年
鈴木博之・石山修武・伊藤毅・山岸常人編『シリーズ都市・建築・歴史―近代化の波及―』東京大学出版会、二〇〇六年
妹尾河童『少年H（上・下）』講談社、一九九七年

【た行】

高岡伸一・三木学編『大阪モダン建築』青幻社、二〇〇七年
竹内常善・阿部武司・沢井実『近代日本における企業家の諸系譜』大阪大学出版会、一九九六年
武部善人『大阪産業史―復権への道―』有斐閣、一九八二年
玉岡かおる『お家さん（上・下）』新潮社、二〇一〇年
陳舜臣『神戸というまち』至誠堂、一九六五年
鄭賢淑『日本の自営業層―階層的独自性の形成と変容―』東京大学出版会、二〇〇二年
寺崎昌男『東京大学の歴史―大学制度の先駆け―』講談社、二〇〇七年

東洋経済新報社編『日本貿易精覧（昭和一〇年版復刻）』東洋経済新報社、一九七五年
樋上権兵衛『神戸百年の成長』郷土産業調査会、一九六〇年

【な行】

中川敬一郎・森川英正・由井常彦『近代日本経営史の基礎知識』有斐閣、一九七四年
中川良隆『ゴールデンゲート物語─夢に橋を架けたアメリカ人─』鹿島出版会、二〇〇五年
永沢道雄『大正時代─現代を読みとく大正の事件簿─』光人社、二〇〇五年
中村隆英『明治大正期の経済』東京大学出版会、一九八五年
中村良夫『都市をつくる風景─「場所」と「身体」をつなぐもの─』藤原書房、二〇一〇年
中山茂『帝国大学の誕生─国際比較の中での東大─』中央公論社、一九七八年
なにわ物語研究会編『大阪まち』創元社、二〇〇〇年
二鬼薫子『通天閣物語』鳥影社、一九九七年
西田雅嗣・矢ヶ崎善太郎『図説・建築の歴史─西洋・日本・近代─』学芸出版社、二〇〇三年
新田義弘他編『岩波講座・現代思想─テクノロジーの思想─』岩波書店、一九九四年
日本機関紙出版編集室編『近代名建築コースガイド（神戸・兵庫編）』日本機関紙出版センター、一九九六年
日本経営史研究所編『阪神電気鉄道百年史』阪神電気鉄道株式会社、二〇〇五年
日本建築協会編『日本建築協会八〇年史─一九一七～一九九六─』日本建築協会、一九九九年
日本工学会編『明治工業史（建築篇）』啓明会、一九二七年
日本ゴム工業史編纂委員会『日本ゴム工業史』日本ゴム工業会、一九五〇年
日本産業遺産研究会・文化庁歴史的建造物調査研究会編『建物の見方・しらべ方─近代産業遺産─』ぎょうせい、一九九八年
日本図書センター編『〔明治・大正・昭和〕神戸人名録（復刻）』日本図書センター、一九八九年

のじぎく文庫編『神戸新開地物語』のじぎく文庫、一九七三年
同『神戸大空襲—戦後六〇年から明日へ—』のじぎく文庫、二〇〇五年

【は行】

橋爪紳也・中谷作次『博覧会見物』学芸出版社、一九九〇年
橋爪紳也『大阪モダン—通天閣と新世界—』NTT出版、一九九六年
同『あったかもしれない日本』創元社、二〇〇五年
同『京阪神モダン生活』創元社、二〇〇七年
同『モダニズムのニッポン』創元社、二〇〇七年
林喜芳『わいらの新開地』冬鵲房、一九八一年
兵庫県編『ふるさと兵庫の歴史』兵庫県、一九八一年
兵庫県教育委員会編『兵庫県の近代化遺産—兵庫県近代化遺産（建造物等）総合調査報告書—』兵庫県教育委員会、二〇〇六年
藤井茂『輸出中小企業』千倉書房、一九八〇年
藤井正一郎『現代建築論—意味論的空間を求めて—』筑摩書房、一九七一年
藤岡ひろ子『神戸の中心市街地』大明堂、一九八三年
藤本篤・前田豊郎・馬田綾子・堀田暁生『大阪府の歴史』山川出版、一九九六年
藤森照信『日本の近代建築』（上・下）岩波書店、一九九三年
法政大学産業情報センター・宇田川勝編『ケースブック・日本の企業家活動』有斐閣、一九九九年
本多昭一（松井昭光監修）『近代日本建築運動史』ドメス出版、二〇〇三年

【ま行】

前島雅光・蓮池善治・中山正太郎『兵庫の百年』山川出版、一九八九年

政岡勝治『総合商社の非総合性研究』晃洋書房、二〇〇六年
町田忍他編『東京タワー物語』日本出版社、二〇〇八年
松下電器産業株式会社『松下電器五十年の略史』一九六八年
三ツ星ベルト株式会社編『輝ける世紀へ―三ツ星ベルト七〇年史―』三ツ星ベルト株式会社、一九八九年
宮川康子『自由学問都市大坂―懐徳堂と日本的理性の誕生―』講談社、二〇〇二年
三宅宏司『大阪砲兵工廠の研究』思文閣出版、一九九三年
宮本又次・作道洋太郎編『住友の経営史的研究』一九七九年
宮本又郎『企業家たちの挑戦』中央公論新社、一九九九年
三好信浩『明治のエンジニア教育―日本とイギリスのちがい―』中央公論社、一九八三年
村松貞次郎『日本建築家山脈（復刻）』鹿島出版会、二〇〇五年
　同『日本近代建築の歴史』岩波書店、二〇〇五年
メディア・デザイン研究所『言説としての日本近代建築』ＩＮＡＸ出版、二〇〇〇年

【や行】

八束はじめ『思想としての日本近代建築』岩波書店、二〇〇五年
山室信一編『岩波講座・「帝国」日本の学知―空間形成と世界認識―』岩波書店、二〇〇六年
有恒会百年史編集委員会編『有恒会百年史』一九九〇年
湯本豪一『図説・明治事物起源辞典』柏書房、一九九六年
横山源之助『日本の下層社会』岩波書店、一九四九年
吉田光邦編『図説万国博覧会史―一八五一～一九四二―』思文閣、一九八五年
読売新聞大阪本社社会部編『通天閣―人と街の物語―』新風書房、二〇〇二年
読売新聞神戸支局編『神戸開港一〇〇年』中外書房、一九六六年

【わ行】
和田克巳『むかし神戸―絵はがきに見る明治・大正・昭和初期―』神戸新聞総合出版センター、一九九七年

● 寺岡　寛　主要著作 ●

『アメリカの中小企業政策』信山社，1990年
『アメリカ中小企業論』信山社，1994年，増補版，1997年
『中小企業論』（共著）八千代出版，1996年
『日本の中小企業政策』有斐閣，1997年
『日本型中小企業―試練と再定義の時代―』信山社，1998年
『日本経済の歩みとかたち―成熟と変革への構図―』信山社，1999年
『中小企業政策の日本的構図―日本の戦前・戦中・戦後―』有斐閣，2000年
『中小企業と政策構想―日本の政策論理をめぐって―』信山社，2001年
『日本の政策構想―制度選択の政治経済論―』信山社，2002年
『中小企業の社会学―もうひとつの日本社会論―』信山社，2002年
『スモールビジネスの経営学―もうひとつのマネジメント論―』信山社，2003年
『中小企業政策論―政策・対象・制度―』信山社，2003年
『企業と政策―理論と実践のパラダイム転換―』（共著）ミネルヴァ書房，2003年
『アメリカ経済論』（共著）ミネルヴァ書房，2004年
『通史・日本経済学―経済民俗学の試み―』信山社，2004年
『中小企業の政策学―豊かな中小企業像を求めて―』信山社，2005年
『比較経済社会学―フィンランドモデルと日本モデル―』信山社，2006年
『起業教育論―起業教育プログラムの実践―』信山社，2007年
『スモールビジネスの技術学―Engineering & Economics―』信山社，2007年
『逆説の経営学―成功・失敗・革新―』税務経理協会，2007年
『資本と時間―資本論を読みなおす―』信山社，2007年
『経営学の逆説―経営論とイデオロギー―』税務経理協会，2008年
『学歴の経済社会学―それでも，若者は出世をめざすべきか―』信山社，2009年
『近代日本の自画像―作家たちの社会認識―』信山社，2010年
『指導者論―リーダーの条件―』税務経理協会，2010年
『市場経済の多様化と経営学』（共著）ミネルヴァ書房，2010年
『アジアと日本―検証・近代化の分岐点―』信山社，2010年
『アレンタウン物語―地域と産業の興亡史―』税務経理協会，2010年
『イノベーションの経済社会学―ソーシャル・イノベーション論―』税務経理協会，2011年
Economic Development and Innovation: An Introduction to the History of Small and Medium-sized Enterprises and Public Policy for SME Development in Japan, JICA, 1998
Small and Medium-sized Enterprise Policy in Japan: Vision and Strategy for the Development of SMEs, JICA, 2004

【著者紹介】

寺 岡　寛（てらおか・ひろし）

1951年神戸市生まれ
中京大学経営学部教授，経済学博士

〈主著〉

『アメリカの中小企業政策』（信山社，1990年），『アメリカ中小企業論』（信山社，1994年，増補版，1997年），『中小企業論』（共著）（八千代出版，1996年），『日本の中小企業政策』（有斐閣，1997年），『日本型中小企業』（信山社，1998年），『日本経済の歩みとかたち』（信山社，1999年），『中小企業政策の日本的構図』（有斐閣，2000年），『中小企業と政策構想』（信山社，2001年），『日本の政策構想』（信山社，2002年），『中小企業の社会学』（信山社，2002年），『スモールビジネスの経営学』（信山社，2003年），『中小企業政策論』（信山社，2003年），『企業と政策』（共著）（ミネルヴァ書房，2003年），『アメリカ経済論』（共著）（ミネルヴァ書房，2004年），『通史・日本経済学』（信山社，2004年），『中小企業の政策学』（信山社，2005年），『比較経済社会学』（信山社，2006年），『スモールビジネスの技術学』（信山社，2007年），『起業教育論』（信山社，2007年），『逆説の経営学』（税務経理協会，2007年），『資本と時間』（信山社，2007年），『経営学の逆説』（税務経理協会，2008年），『近代日本の自画像』（信山社，2009年），『学歴の経済社会学』（信山社，2009年），『指導者論』（税務経理協会，2010年），『アジアと日本』（信山社，2010年），『アレンタウン物語』（税務経理協会，2010年），『市場経済の多様化と経営学』（共著）（ミネルヴァ書房，2010年），『イノベーションの経済社会学』（税務経理協会，2011年），『巨大組織の寿命』（信山社，2011年）

Economic Development and Innovation: An Introduction to the History of Small and Medium-sized Enterprises and Public Policy for SME Development in Japan, JICA, 1998

Small and Medium-sized Enterprise Policy in Japan: Vision and Strategy for the Development of SMEs, JICA, 2004

タワーの時代——大阪神戸地域経済史——

2011年(平成23年)10月31日　第1版第1刷発行

著　者　寺　岡　　寛
発行者　今　井　　貴
　　　　渡　辺　左　近
発行所　信山社出版株式会社

〒113-0033　東京都文京区本郷 6-2-9-102
電　話　03（3818）1019
FAX　03（3818）0344

Printed in Japan

印刷・製本／松澤印刷・大三製本

ISBN978-4-7972-2592-1　C3334

事項索引

［か行］

事項索引

［さ行］

［た行］

［な行］

［は行］

［ま行］

［や行］

［ら行］

［わ行］

人名索引